Glücksspiele aus aller Welt

Claus D. Grupp

Glücksspiele aus aller Welt

Spielbank-Atmosphäre
ins Haus geholt

ASS Verlag Leinfelden

ISBN 3-7601-9014-6

Satz und Druck: Union Druckerei GmbH Stuttgart
Buchbinderische Verarbeitung: Großbuchbinderei Sigloch, Künzelsau.
Printed in Germany

Viel Glück – und ein bißchen Vorsicht!

Glücksspiel ist das Kind der Habsucht, der Bruder der Sittenlosigkeit und der Vater des Unheils, meinte George Washington, der amerikanische Präsident. Wer möchte das bezweifeln! Glücksspiel ist aber auch das Kind des Leichtbluts, der Bruder der Freude und der Vater der Kurzweil. Irgendwer anderer Meinung? Man kann eben alles von zwei Seiten betrachten.

Mit dem Glücksspiel ist es wie mit dem Geld überhaupt: Es verdirbt nur den, der sowieso anfällig ist fürs Schiefe, der einen schwachen Willen hat, einen labilen Charakter. Wer sich von der Spielleidenschaft so weit hinreißen läßt, daß er Arbeit und Familie vergißt und den Monatslohn an einem Abend bei *Siebzehn und Vier* verliert – dem geschieht es recht, daß er vom Gesetzgeber vor sich selbst geschützt wird. Es gibt nämlich strenge Paragraphen im Strafgesetzbuch, die das Glücksspiel im allgemeinen verbieten.

Andererseits aber: Wer im Spiel nur eine angenehme, spannende Unterhaltung sieht und dafür gern ein paar Mark ausgibt, wenn er es sich leisten kann – warum sollte man ihm sein Vergnügen nicht gönnen? Schließlich kostet fast jedes Vergnügen Geld. Der eine läßt sich einen Abend an der Bar viel Geld kosten – seine Sache. Der andere sucht die Abwechslung im Spiel und die Chance, etwas zu gewinnen. Was da nun »sittenloser« ist, das sei dahingestellt; wir wollen hier ja nicht moralisieren. Wir wollen lediglich das Spiel von seiner jahrhundertealten puritanischen Verteufelung befreien.

Es gab Zeiten, da war die Spielleidenschaft so groß, daß ganze Familien und Gemeinden ins Unglück stürzten. Da wurde alles um Geld gespielt und alles Geld verspielt. Und

das nicht zur Unterhaltung, sondern aus Habgier. Damals mußte die Kirche wohl zurecht unser heute so harmloses *Sechsundsechzig* als gefährliches Glücksspiel verbieten. Aber diese Zeiten sind bei uns vorbei. Heute, so könnte man sagen, gehört das Glücksspiel als prickelnde Unterhaltung und ein bißchen exklusiveres Vergnügen zum gehobenen Lebensstandard.
Wagen Sie sich also ruhig einmal an ein Spielchen mit dem Glück. Nur Vorsicht: Das Strafgesetzbuch setzt Ihnen Grenzen; Grenzen, die wir Ihnen zunächst einmal zeigen wollen, damit Sie Ihr Spiel dann später in vollen Zügen genießen können. Nicht zu Ihrer Abschreckung, sondern nur zu Ihrer Information hier also die einschlägigen Paragraphen in ihrem Wortlaut:

§ 284: Veranstaltung des Glücksspiels
1. Wer ohne behördliche Erlaubnis öffentlich ein Glücksspiel veranstaltet oder hält oder die Einrichtungen hierzu bereithält, wird mit Gefängnis bis zu zwei Jahren und mit Geldstrafe oder mit Geldstrafe bestraft.
2. Als öffentlich veranstaltet gelten auch Glücksspiele in Vereinen oder geschlossenen Gesellschaften, in denen Glücksspiele gewohnheitsmäßig veranstaltet werden.
§ 284 a: Beteiligung am Glücksspiel
Wer sich an einem öffentlichen Glücksspiel (§ 284) beteiligt, wird mit Gefängnis bis zu sechs Monaten und Geldstrafe bestraft.
§ 284 b: Einziehung
In den Fällen der §§ 284 und 284a sind die Spieleinrichtungen und das auf dem Spieltisch oder in der Bank befindliche Geld einzuziehen, sofern sie dem Täter oder einem Teilnehmer gehören. Andernfalls können die Gegenstände eingezogen werden.
§ 285: Gewerbsmäßiges Glücksspiel
Wer aus dem Glücksspiel ein Gewerbe macht, wird mit Gefängnis und mit Geldstrafe, bei mildernden Umständen mit Gefängnis bis zu einem Jahre und mit Geldstrafe oder mit Geldstrafe bestraft.

§ 285 a: Nebenstrafen, Nebenfolgen

1. In den Fällen der §§ 284, 284a und 285 kann neben Gefängnis auf Verlust der bürgerlichen Ehrenrechte und auf die Zulässigkeit von Polizeiaufsicht erkannt werden.

2. Neben der Strafe kann angeordnet werden, daß die Verurteilung auf Kosten des Schuldigen öffentlich bekanntzumachen ist.

Soweit das Gesetz. Lassen Sie sich aber von den bedrohlich klingenden Paragraphen nicht über Gebühr einschüchtern. Ganz so schlimm ist es nicht. Beherzigen Sie aber bitte diese Ratschläge:

Spielen Sie keine Glücksspiele in Gaststätten oder im Kegelklub oder sonstwo außerhalb einer privaten Wohnung. Denn das gilt als öffentliches Spiel.

Spielen Sie auch im privaten Rahmen nicht regelmäßig, das nämlich betrachtet der Gesetzgeber als gewohnheitsmäßiges Glücksspiel und läßt es bestrafen.

Laden Sie zu einem gelegentlichen Spielchen mit dem Glück nur Freunde und gute Bekannte ein; drängen Sie nie jemanden zur Teilnahme. Schon manche Spielrunde flog auf, weil ein verärgerter Verlierer zur Polizei ging.

Setzen Sie immer eine Grenze für den Höchsteinsatz und den Mindesteinsatz pro Spiel; lassen Sie nie zu, daß dieses Limit in vorgerückter Stunde aufgehoben wird.

Übrigens: Man muß ja nicht in jedem Falle um Geld spielen. Zugegeben, die meisten Glücksspiele sind einfach langweilig, wenn sie ohne Einsatz gespielt werden. Aber Einsatz kann auch etwas anderes sein als Geld. Einige Glücksspiele sind spannend genug, wenn man sie nur um Streichhölzchen spielt oder mit Spielgeld, das in jedem Spielwarengeschäft zu haben ist. Man kann auch darum spielen, wer zum nächsten Tanzabend einladen soll, wer Babys hüten muß, wer den Schnaps mitzubringen hat. Wer unbedingt will, kann schließlich auch einen Striptease damit verbinden, wie es beim berühmt-berüchtigten *Strip-Poker* üblich ist. Hauptsache, der Einsatz ist für alle Teilnehmer spannend genug, um mit- und weiterzuspielen.

Ein Spielabend zu Hause

Wenn Sie zum Abschluß irgendeines gemütlichen Abends mit Bekannten noch schnell eine Runde *Siebzehn und Vier* vorschlagen, bedarf es natürlich keinerlei Vorbereitungen. Sie müssen nur die Karten im Haus haben und die Regeln kennen. Anders, wenn Sie zu einem ausgedehnten Spielabend einladen. Schon um die richtige Spielatmosphäre à la Casino zu schaffen, sind einige Vorkehrungen zu treffen. Es versteht sich von selbst, daß die richtige Atmosphäre den Reiz des Spielens erhöht. Hier das Wichtigste:

Die meisten Glücksspiele haben ganz einfache Regeln. Es genügt also, wenn Sie als Gastgeber das Spiel kennen; Ihre Gäste kommen rasch von selbst hinein, auch ohne lange Erklärungen.

Besorgen Sie sich für jeden Spielabend eine ausreichende Anzahl neuer Spielkarten. Sie machen den Eindruck eines weltgewandten Spielers, wenn Sie vor versammelter Mannschaft die versiegelten Päckchen aufbrechen. In Spielcasinos (hier wird mit behördlicher Genehmigung öffentlich gespielt) werden die Karten meist sogar nur ein einziges Mal benützt; für jede Runde werden also neue Karten genommen. So streng freilich müssen bei Ihnen die Bräuche nicht sein; Sie können auch einmal den ganzen Abend mit denselben Königen spielen, solange die Karten nur einwandfrei und sauber sind.

Zu den meisten Glücksspielen gehört etwas Zubehör, ein Spieltableau zum Beispiel. Alles Nötige ist in Spielwarengeschäften zu haben; mit etwas Geschick kann man's auch selber herstellen. Was Sie immer brauchen können: Ein tischbedeckendes grünes Filztuch (macht sich gut und gibt etwas Casino-Atmosphäre); Würfel und Würfelbecher; Spielgeld und Spielmarken (Chips oder Jetons); Abstelltischchen für Aschenbecher und Gläser; Sitzgelegenheiten, so viel um den Tisch herum Platz haben; die übrigen Gäste stehen – das ist auch in Spielbanken nicht anders.

Falls Sie die Absicht haben sollten, einmal tatsächlich um Geld zu spielen, besorgen Sie sich auf der Bank oder Spar-

kasse vorher genügend Kleingeld, und zwar so viel, daß Sie gegebenenfalls auch Ihren Gästen wechseln können. Schließlich wollen Sie ja von vorneherein vermeiden, daß um zu hohe Einsätze gespielt wird.
Und noch einige Bemerkungen zum Spielablauf selber: Jedes Glücksspiel braucht einen Bankhalter. Er muß das Spiel und seine Regeln kennen. Einer muß also Bescheid wissen. Wenn Sie mit Anfängern spielen, übernehmen Sie so lange das Amt des Bankhalters, bis einer aus der Runde sich traut, Sie abzulösen. Im übrigen ist der Wechsel des Bankhalters in den Regeln meist festgelegt. Kennen alle Mitspieler die Regeln, so wird der erste Bankhalter durch Los ermittelt, zum Beispiel so: Sie mischen ein Kartenpaket und geben, bei Ihrem linken Nachbarn beginnend, reihum jedem Mitspieler eine Karte, bis jemand das erste As erhält. Er ist dann erster Bankhalter.
Setzen Sie, wie schon erwähnt, immer eine Grenze für den Höchsteinsatz (zum Beispiel eine Mark, fünf Chips oder zehn Mark Spielgeld) und für den Mindesteinsatz pro Spiel- oder Wettrunde (etwa fünf Pfennig oder einen Chip).
Machen Sie mit Ihren Gästen vor dem Spiel aus, wann Sie aufhören werden, wie lange Sie also spielen. Dann kann keiner abbrechen, wenn er gerade in einer Gewinnsträhne ist. Bei Einverständnis aller Teilnehmer kann man natürlich vorher abbrechen oder noch länger weiterspielen.
Alles weitere können wir getrost Ihnen und Ihrem Geschick als Gastgeber überlassen. Zur Vorsicht haben wir Ihnen schon geraten. Bleibt nur, Ihnen auch das nötige Glück zu wünschen.

Roulett

Teilnehmer: beliebig
Zubehör: Roulettmaschine, Tableau für Einsätze, Jetons

Wenn Sie Ihr Heim-Casino aufbauen wollen, darf ein Roulettspiel nicht fehlen. Dieses wohl berühmteste aller Glücksspiele unterscheidet sich in einem wesentlichen Punkt von allen anderen Glücksspielen: Es ist das aufwendigste Spiel, da Sie das Spielgerät erst anschaffen müssen.
Das nötige Zubehör können sie in verschiedenen Ausführungen, von billig bis teuer, in Spielwarengeschäften kaufen. Ein Tip: Wählen Sie nicht das billigste Gerät, denn die Roulettmaschine muß mit einiger Präzision laufen, damit das Spiel keinen Ärger macht.
Sie können zu einem Roulettabend zu Hause lauter »Casino-Laien« einladen, und der Abend wird trotzdem unterhaltsam. Nur eine Bedingung: Einer der Anwesenden – zum Beispiel Sie als Gastgeber – muß die Regeln beherrschen und den Croupier spielen. Ein paarmal geübt, und Sie sind ein ausreichend guter Croupier für den Hausgebrauch.
Der Croupier überwacht das Setzen der Spieler und hilft ihnen dabei, er bedient die Roulettmaschine und zahlt die Gewinne aus beziehungsweise kassiert die verlierenden Einsätze.
Zunächst zur Roulettmaschine. Sie versetzen den inneren Teil der Maschine in eine nicht zu schnelle Drehbewegung. Eine gute Maschine läuft nun eine ganze Zeit lang von selbst weiter. Die Kugel wird in entgegengesetzter Richtung in den Kessel geworfen und muß ein paarmal im Kreis herumrollen, ehe sie auf das sich drehende Innenteil fällt und schließlich in einem Zahlenfeld liegenbleibt.

Und nun zum Setzen. Der Croupier ist verantwortlich, daß niemand zu früh und vor allem nicht zu spät setzt. Er sagt an: »*Bitte das Spiel zu machen*« und eröffnet damit den Spielern die Möglichkeit, Jetons auf beliebige »*Chancen*« zu setzen. Wer sich nicht auskennt oder an ein gewünschtes Feld nicht herankommt, wendet sich an den Croupier (»*annonciert*« ihm seine Setzwünsche), der die Jetons entsprechend placiert, wobei er die Annonce laut wiederholt. Während des Setzens wirft der Croupier (der selber nicht für sich setzen darf) die Kugel in den Kessel. Nähert sie sich dem Innenteil oder springt sie dort bereits auf, ruft der Croupier »*Nichts geht mehr!*« und das Setzen muß sofort beendet werden. Wer trotzdem noch setzt, muß den Jeton zurücknehmen.
Ist die Kugel schließlich gefallen, sagt der Croupier laut die gewinnenden Chancen an. Damit kommen wir zu den verschiedenen Setzmöglichkeiten.
Der Spielplan, das Tableau, ist in zahlreiche Felder eingeteilt, die unterschiedliche Gewinnchancen haben. Im einfachsten Falle erhält der Gewinner den einfachen Betrag seines Einsatzes ausbezahlt, im besten Falle den 35fachen Betrag. Auf Seite 12 sehen Sie Spielplan, Setzmöglichkeiten und Gewinnchancen auf einen Blick.
Die *einfachen Chancen,* für die im Gewinnfalle ein Betrag in Höhe des Einsatzes gezahlt wird, sind:

Rouge – gewinnt, wenn eine rote Zahl fällt
Noir – gewinnt, wenn eine schwarze Zahl fällt
Pair – gewinnt, wenn eine gerade Zahl fällt
Impair – gewinnt, wenn eine ungerade Zahl fällt
Manque – gewinnt, wenn eine Zahl in der unteren Hälfte fällt, also 1 bis 18 (nicht Null)
Passe – gewinnt, wenn eine Zahl in der oberen Hälfte fällt, also 19 bis 36

Doppelte Chancen: Die neun Felder am unteren Rand des Tableaus stehen für je ein Drittel der 36 Zahlen. Man setzt auf
Colonne (Kolonne) oder
Douzaine (Dutzend).

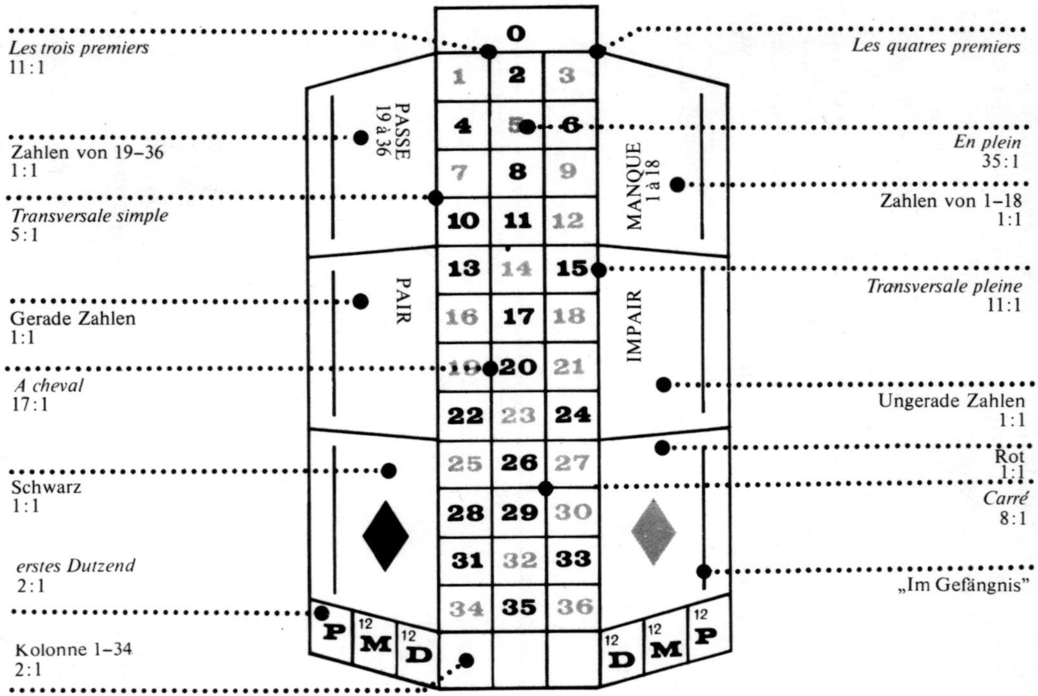

Les trois premiers
11:1
Zahlen von 19–36
1:1
Transversale simple
5:1
Gerade Zahlen
1:1
A cheval
17:1
Schwarz
1:1
erstes Dutzend
2:1
Kolonne 1–34
2:1
Les quatres premiers
En plein
35:1
Zahlen von 1–18
1:1
Transversale pleine
11:1
Ungerade Zahlen
1:1
Rot
1:1
Carré
8:1
„Im Gefängnis"
PASSE
19 à 36
MANQUE
1 à 18
PAIR
IMPAIR
0
1
2
3
4
5
6
7
8
9
10
11
12
13
14
15
16
17
18
19
20
21
22
23
24
25
26
27
28
29
30
31
32
33
34
35
36
12 P
12 M
12 D

Die drei mittleren Felder unter den Zahlenreihen sind Setzfelder für die Kolonnen 1–34, 2–35 und 3–36. Wer darauf setzt, belegt also die entsprechenden 12 Zahlen. Links und rechts davon liegen die Einsatzfelder für das erste Dutzend 1–12 (P = première), für das mittlere Dutzend 13–24 (M = milieu) und das letzte Dutzend 25–36 (D = dernière).
Wer auf eine dieser Chancen setzt, erhält, wenn eine der darin enthaltenen Zahlen fällt, einen Gewinn in doppelter Höhe seines Einsatzes.
Mehrfache Chancen:
En plein (»in die Vollen«), 35facher Gewinn. Man setzt auf eine einzige der 36 Zahlen oder auf »Zéro« (Null). Fällt genau diese Zahl, gewinnt man.
A cheval (»aufs Pferd«), 17fach. Man setzt auf zwei nebeneinanderliegende Zahlen, indem man den Jeton »rittlings« auf die Trennlinie der beiden Zahlen setzt.
Transversale pleine (»volle Querreihe«), 11fach. Man setzt mit einem Jeton auf die drei nebeneinanderliegenden Zahlen einer Reihe. Will man zum Beispiel die Zahlen 13, 14 und 15 belegen, setzt man den Jeton auf die Trennlinie zwischen 13 und dem Feld »Pair« oder 15 und »Impair«
Les trois premiers (»die ersten drei« Zahlen), 11fach. Man setzt wie in der Abbildung gezeigt und belegt damit die Zahlen 0, 1 und 2.
Les quatre premiers (»die vier ersten« Zahlen), 8facher Gewinn. Gesetzt wird, wie in der Abbildung gezeigt; belegt sind damit die Zahlen 0, 1, 2 und 3.
Le Carré (»das Quadrat«), 8facher Gewinn. Damit setzt man auf vier beieinanderliegende Zahlen im Feld, zum Beispiel auf 26, 27, 29 und 30 (siehe Abbildung).
Transversale simple (»einfache Querreihe«, gemeint ist aber eine doppelte), 5facher Gewinn. Man erfaßt damit die sechs Zahlen zweier übereinanderliegender Querreihen, beispielsweise alle Zahlen von 7 bis 12 (siehe Abbildung).
Damit kennen Sie die fünfzehn wichtigsten Setzmöglichkeiten in einer Roulettbank. Weitere mögliche Einsätze (zum Beispiel à cheval auf zwei Dutzende, auf zwei Kolonnen

oder auf Manque/Impair, Impair/Rouge, Passe/Pair und Pair/Noir) bringen als Gewinn den halben Einsatz (0,5 : 1), sind aber wegen der komplizierten Auszahlung in Spielbanken nicht erlaubt.

Routinierte Spielbankbesucher haben aber noch eine Reihe anderer (und spannender) Setzmöglichkeiten, die in der Regel dem Croupier annonciert und von ihm gesetzt werden. Ein paar Beispiele:

Finale: Man setzt auf bestimmte Endzahlen (Finalzahlen), bei Finale 3 also auf die Zahlen 3, 13, 23 und 33. Es werden vier Jetons auf die entsprechenden Felder gesetzt, bei Finalen ab 7 natürlich nur drei (da dann die 30er-Zahlen entfallen). Gewinnt eine dieser Zahlen, so erhält man den 35fachen Einsatz auf dieses Feld (das ja »en plein« belegt ist); die Einsätze der anderen Felder sind verloren. Finale können auch »à cheval« gesetzt werden, in Spielbanken jedoch nur senkrecht, also innerhalb einer Kolonne. Finale 1/4 besagt, daß je ein Jeton auf die Trennlinien zwischen 1/4, 11/14, 21/24 und 31/34 gesetzt wird. Fällt eine dieser Zahlen, gewinnt man den 17fachen Einsatz des betreffenden Feldes und verliert die übrigen.

Kesselspiele: Alle bisherigen Setzmöglichkeiten gingen von der Einteilung des Spielplans, des Tableaus aus. Man kann aber zur Grundlage des Setzens auch die Zahlenreihenfolge im Kessel der Roulettmaschine machen. In diesem sich dauernd drehenden Innenteil der Roulettmaschine liegen die 36 Zahlen und die Null in scheinbar willkürlicher (tatsächlich aber in mathematisch ausgeklügelter) Reihenfolge nebeneinander. Die Abbildung auf Seite 15 zeigt den Kessel.

Erwartet ein Spieler, daß die Kugel in einem bestimmten Teil des Kessels landen wird, kann er alle in der Nähe liegenden Zahlen belegen. Die bekanntesten Möglichkeiten sind die kleine und die große Serie. Um sie zu setzen, muß der Croupier sich aber schon ziemlich gut auskennen. Die kleine Serie: Man belegt mit 6 Jetons à cheval 12 Zahlen, die im Kessel nebeneinanderliegen, zum Beispiel 33–16–24–5–10–23–8–30–11–36–13–27. Gesetzt wird à cheval

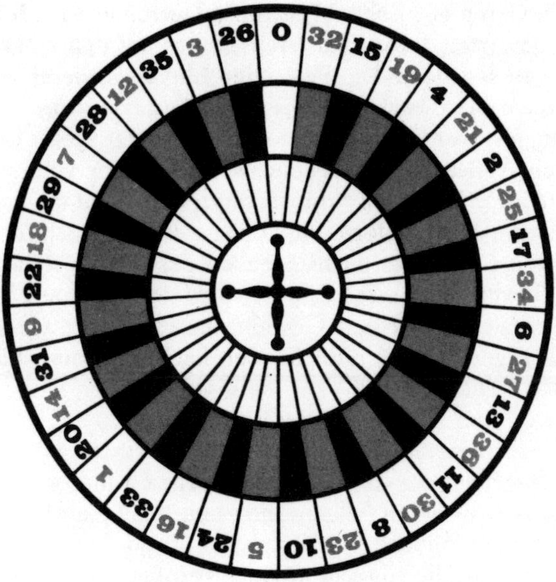

5/8, 10/11, 13/16, 23/24, 27/30 und 33/36. Gewinnt eine der Zahlen, erhält man für das siegende Feld den 17fachen Einsatz und verliert alle anderen. Tatsächlicher Gewinn also 17:6.

Die große Serie, auch Zérokessel genannt: Man belegt die Hälfte aller im Kessel nebeneinanderliegenden Zahlen einschließlich der Null. Beispiel: Die 17 Zahlen von 22 über Null bis 25 werden mit 9 Jetons belegt, und zwar so: Transversale pleine 0/2/3, à cheval die Paare 4/7, 12/15, 18/21, 19/22, 32/35 und das Carré 25/29. Gewinnt eine der Zahlen, erhält man für ein Cheval den 17fachen, für die Transversale den 11fachen oder für das Carré den 8fachen Einsatz.

Zéro. Die Null ist die am meisten gefürchtete Zahl der Spieler, von ihr nämlich »lebt« die Bank (und natürlich von den Trinkgeldern, die jeder Gewinner traditionsgemäß der Bank opfert). Fällt die Null, so gewinnen nur die auf Null oder eine Kombination mit Null gesetzten Jetons.

Alle anderen auf Zahlen (auch auf Dutzende oder Kolonnen) gesetzten Jetons verlieren. Jetons auf den einfachen Chancen Rouge, Noir, Pair oder Impair verlieren nicht, gewinnen aber auch nicht; sie wandern *»en prison«,* ins Gefängnis. Der Croupier schiebt die Einsätze dieser Felder an den Außenrand des Tableaus. Die Spieler können die Hälfte ihres Einsatzes zurückfordern und damit die andere Hälfte der Bank opfern. Sie können sie aber auch für den nächsten Coup (das nächste Fallen der Kugel) stehenlassen. Gewinnt nun diese Chance, wird der gesamte Einsatz frei, erhält aber keinen Gewinn ausbezahlt. Er kann zurückgezogen werden oder für den nächsten Coup stehenbleiben. Die Einsätze auf den verlierenden einfachen Chancen aber werden von der Bank kassiert.

Limit: In jeder Spielbank wird ein Höchstbetrag pro Einsatz festgelegt, der stets für die einfache Chance gilt. Auch Sie zu Hause sollten (auch wenn es nur um Spielgeld geht), ein solches Limit setzen, damit nicht uferlos gewettet wird. Das Limit für die einfache Chance verringert sich natürlich progressiv mit den Gewinnchancen für die übrigen Einsatzmöglichkeiten. Als Anhaltspunkt geben wir Ihnen hier eine Übersicht über Höchsteinsätze und Gewinne, basierend auf dem Limit von 1000,– Mark (in Spielgeld) für die einfache Chance (zum Beispiel Rouge):

Chance	Limit	Gewinn
Einfach	1000,–	1000,–
Kolonne	500,–	1000,–
Dutzend	500,–	1000,–
Transversale simple	200,–	1000,–
Le Carré	120,–	960,–
Transversale pleine	90,–	990,–
A cheval	60,–	1020,–
En plein	30,–	1050,–

Sie sehen: Das Einsatzlimit für die einfache Chance ist zugleich auch die ungefähre Grenze für den Höchstgewinn pro Coup.

Damit wäre das Wichtigste gesagt, mehr als Sie in den Spielanleitungen der Roulett-Sets in der Regel finden.

Karten-Glücksspiele

Natürlich könnte man jedes Kartenspiel, ja überhaupt jedes Spiel um das spielen, was man den schnöden Mammon nennt. Das heißt nicht, daß alle Spiele Glücksspiele sind. So manches Kartenspiel aber, das heute eine brave Familienunterhaltung ist, war anfangs ein reines Glücksspiel. *Sechsundsechzig* zum Beispiel oder auch *Rommé*.

Das Bundeskriminalamt stuft 39 Kartenspiele als absolute Glücksspiele ein, darunter *Bakkarat, Meine Tante – Deine Tante, Pokern* oder *Siebzehn und Vier*. Weitere 12 Kartenspiele gelten als gemischte oder relative Glücksspiele wie zum Beispiel *Ecarté, Mauscheln* oder *Rommé*.

Manche dieser 51 Spiele ähneln einander wie ein Ei dem anderen. So ist beispielsweise das Spiel *Zwölfern* nur eine verkleinerte Ausgabe von *Siebzehn und Vier*. Die Spiele *Tippen* oder *Zwicken* wiederum sind Varianten von *Mauscheln*. Man kann also getrost ein paar unter den Tisch fallen lassen (was Sie mit den Karten beim Spiel allerdings nicht tun sollten!).

Wir haben für Sie zunächst einmal alle klassischen Kartenglücksspiele zusammengestellt, die tatsächlich in Casinos gespielt wurden oder noch werden. Darüberhinaus nennen wir Ihnen alle bei uns bekannten und ein paar weniger bekannte Spiele, und schließlich können Sie dann Ihr Kartenglück bei einigen Spielen suchen, die nur in manchen Gegenden Berühmtheit erlangt haben, wie zum Beispiel *Red Dog* aus den USA oder *Watten* aus Bayern.

Was Sie dann noch erwartet, wollen wir Ihnen auch gleich verraten: die interessantesten Würfelglücksspiele der Welt, unter anderem *Craps*, das beliebteste Glücksspiel der USA.

Baccara

Variante: Chemin de fer

Teilnehmer: beliebig viele, mindestens drei
Zubehör: 2 × 52 Karten, Jetons oder Spielgeld in verschiedenen Werten, Kartenschlitten (muß nicht sein).

Baccara, auch Baccarat oder Bakkarat geschrieben, ist eines der berühmtesten Glücksspiele und in aller Welt bekannt. Den Regeln nach ist es ein »Kinderspiel«, so leicht, daß es schon Achtjährige lernen könnten: Es geht darum, mit zwei oder höchstens drei Karten neun Augen zu erreichen oder möglichst nahe an die Zahl heranzukommen. Interessant wird es nur durch den Einsatz und das Drumherum. Wenn Sie also zu einem Baccara-Abend laden, müssen Sie unbedingt Spielbank-Atmosphäre schaffen und streng nach den Regeln der Casinos spielen.
Sie brechen zunächst einmal zwei neue Kartenpäckchen auf und entfernen eventuell vorhandene Joker daraus (zum Beispiel, wenn Sie ein Romméblatt benützen). Danach wird die Bank versteigert: Der Meistbietende muß den gebotenen Betrag in Spielmarken auf den Tisch legen und ist erster Bankhalter. Dieser Betrag ist das Limit, die Höchstgrenze für die Wetteinsätze der Mitspieler, bis ein anderer die Bank übernimmt.
Der Bankhalter setzt sich mitten an den Tisch, rechts und links von ihm setzen sich die Mitspieler rund um den Tisch, so weit Sitzgelegenheiten da sind – der Rest muß stehen. Der .Bankhalter mischt die beiden Kartenpakete gut zusammen, er *»richtet den Salat an«*. In Spielbanken macht das ein Croupier, der nicht mitspielen darf und das Spiel überwacht – zu Hause kann der Bankhalter diese Funktion mitübernehmen.
Besitzen Sie einen banküblichen *»Schlitten« (einen »Sa-*

ben. Es werden die Karten eingelegt; sie können daraus nur einzeln abgezogen werden. In Spielbanken wird meist mehr nur mit 104, sondern mit 3 × 52 oder gar 6 × 52 Karten gespielt. Dieser Kartengeber ist aber als Zubehör nicht unbedingt nötig; auch in Banken wird oft ohne ihn gespielt. Der Bankhalter legt dann den Kartenstapel vor sich auf den Tisch, Bildseiten nach unten. Er darf das Päckchen nun nicht mehr in die Hand nehmen, sondern teilt die Karten aus, indem er die jeweils oberste Karte mit den Fingerspitzen berührt und sie mit einer kleinen Schwungbewegung zum Empfänger gleiten läßt. Die Karten dürfen sich dabei natürlich nicht umdrehen.

Das Spiel beginnt, indem die Mitspieler ihre Wetten setzen bis zu dem Höchstbetrag, den der Bankhalter vor Spielbeginn auf den Tisch gelegt hatte. Das Recht zu setzen haben zuerst die Spieler, die unmittelbar rechts und links neben dem Bankhalter sitzen; jeder von ihnen kann also die Hälfte des Bankbetrages als Einsatz bringen. Bleiben sie darunter, können die Nächstsitzenden sich an den Einsätzen beteiligen, bis der Höchstbetrag erreicht ist.

Sind die Einsätze abgeschlossen, beginnt das eigentliche Spiel, das nur von drei Teilnehmern ausgetragen wird, und zwar zunächst vom Bankhalter und den beiden links und rechts von ihm sitzenden Spielern. Der Bankhalter schiebt eine Karte nach rechts (die erste muß nach rechts gegeben werden!), dann eine nach links und gibt sich selbst die dritte. Danach gibt er dem rechten Nachbarn eine zweite Karte, ebenso dem linken und sich selbst. Es spielen also zwei Spieler einzeln gegen die Bank. Alle übrigen Spieler, die *»Ponte«,* wetten darauf, daß ihr Spieler gewinnt. Sie können dabei nach Belieben auf den linken oder den rechten Kartenhalter setzen. Auch das Wetten à cheval, also auf beide zugleich, ist möglich: Der Wettende gewinnt dann nur, wenn beide Spieler zugleich gegen die Bank gewinnen; verliert einer der beiden, erhält der Wetter *»à cheval«* nur seinen Einsatz zurück; verlieren beide, kassiert der Bankhalter sämtliche Einsätze. Jeder, der setzt, ist für seinen Einsatz selbst verantwortlich und muß sich merken, wieviel er auf wen gesetzt hat. Zur besseren Unterscheidung kann man die Wetten auf den rechten Spieler rechts von der Bank setzen, die auf den linken dann natürlich links. Jeder legt seinen Betrag an eine bestimmte Stelle, so daß auch der Bankhalter jederzeit den Überblick behalten kann. Aber wie gesagt: Alle Einsätze zusammen dürfen den Betrag in der Bank nicht übersteigen.

Der Bankhalter sieht nun seine beiden Karten an, ohne sie den anderen zu zeigen. Hat er genau acht oder neun Augen erhalten, dreht er die Karten um und sagt die Summe an. Hat er weniger Augen, erklärt er: *»Ich gebe«*. Erst jetzt dürfen auch die beiden anderen Spieler ihre Karten ansehen, zuerst der rechte Spieler, dann der linke.

Beim Zusammenzählen gilt eine eigentümliche Arithmetik: Alle Bildkarten, also Bube, Dame und König, zählen zehn Augen, das As hat ein Auge, alle übrigen Karten zählen entsprechend dem aufgedruckten Wert, also die Zwei 2 Augen, die Drei 3 und so weiter. Beim Zusammenzählen werden aber die Zehner überhaupt nicht mitgerechnet, sondern nur die Einer. Erhält also ein Spieler einen König und eine Vier (14 Augen), so rechnet er nur mit 4 Augen; hat jemand eine Sieben und eine Acht (15), so gelten nur 5. König, Dame, Bube und Zehn haben also praktisch den Wert Null. Die höchste erreichbare Augenzahl ist demnach 9.

Zurück zum Spielverlauf: Hat der Bankhalter mit den beiden ersten Karten acht oder neun Augen erhalten und angesagt, so deckt der Spieler rechts von ihm seine Karten ebenfalls auf. Hat er die gleiche Augenzahl, ist das Spiel unentschieden; die Einsätze auf den rechten Spieler bleiben stehen für die nächste Runde. Hat er weniger Augen, kassiert der Bankhalter die gesetzten Beträge; sie gehören ihm. Hat der Spieler aber mehr Augen (neun, wenn die Bank nur acht hält), so gewinnt er. Jeder, der auf den Gewinner gesetzt hat, erhält nun seinen Einsatz zurück und den gleichen Betrag von der Bank ausbezahlt. Danach deckt auch der linke Spieler seine Karten auf – das Verfahren ist das gleiche wie beschrieben.

Sieht der Bankhalter aber, daß er mit seinen beiden ersten Karten weniger als acht Augen hat, muß er *»geben«*. Nach dieser Ankündigung sieht der Spieler rechts von der Bank seine Karten an (ohne sie aufzudecken) und erklärt, ob er eine dritte Karte haben will oder nicht. Hat er nun genau acht oder neun Augen, deckt er auf und gewinnt sofort. Hat er weniger als acht, kann er eine dritte Karte fordern. Der Bankhalter gibt sie ihm – aber nur eine einzige, die letzte. Jeder Spieler kann nämlich höchstens drei Karten bekommen. Diese dritte Karte wird offen gegeben, also mit der Bildseite nach oben. Jetzt sieht auch der Spieler links vom Bankhalter seine beiden Karten an und erklärt, ob er eine dritte haben will. Zuletzt kann sich auch der Bankhalter noch eine Karte nehmen, nachdem er seine beiden ersten Karten umgedreht und offen hingelegt hat (die beiden Mitspieler tun das nicht!).

Der Bankhalter sagt nun seine Augenzahl an. Jetzt erst dreht der rechte Spieler seine Karten um. Hat er weniger Augen, verliert er, hat er mehr, gewinnt er. Bei Augengleichheit bleiben die Einsätze stehen. Nachdem das Kassieren der Einsätze oder das Auszahlen der Gewinne mit der rechten Seite abgewickelt ist, dreht auch der linke Spieler seine Karten um und vergleicht.

Seine eigenen Gewinne muß der Bankhalter in der Bank lassen, darf also daraus nichts entnehmen, solange er die Bank hält. Dadurch kann sich natürlich der Höchsteinsatz von Runde zu Runde nach oben oder unten verschieben. Der Bankhalter darf die Bank aber jederzeit an den nächsten Meistbietenden abgeben, wenn er es eine Runde vorher ankündigt; er muß sie spätestens abtreten, wenn alle 104 Karten gespielt sind. Dann erst darf er alles an sich nehmen, was in der Bankkasse liegt. Ist die Bank zwischendurch leer geworden, so kann der Bankhalter sie entweder abtreten oder mit einem beliebigen neuen Höchstbetrag wieder füllen.

Nach der ersten Spielrunde werden die gespielten Karten in die Tischmitte geworfen. Der Bankhalter teilt dann vom Reststapel einzeln neue Karten zur nächsten Runde aus, und so geht's weiter, bis der Stapel aufgebraucht ist. Die allerletzte Karte darf nicht mehr benützt werden; für die letzte Runde müssen also mindestens zehn Karten im Stapel sein. Danach werden die bisher benützten Karten (oder neue) gut gemischt und das Spiel geht weiter mit einem neuen Bankhalter, dem meistbietenden.

Das ist aber noch nicht alles. Die Spieler mit den Karten oder in der Ponte müssen sich an weitere Regeln halten. Hat ein Spieler mit Karten in einer Runde gegen die Bank verloren, erhält der neben ihm sitzende das Recht, gegen die Bank zu spielen; er bekommt also nun die Karten. Wenn ein Spieler allein (also ohne Beteiligung aus der Ponte) den für ihn möglichen Höchstbetrag (die Hälfte des Bankinhalts) gesetzt hat, ist er frei in seiner Entscheidung, eine dritte Karte zu nehmen oder nicht zu nehmen. Wenn aber die Ponte einen Teil des Bankinhaltes gesetzt hat, muß der Spieler (der ja gewissermaßen treuhänderisch für die anderen spielt) sich an bestimmte Weisungen halten: Er darf unter keinen Umständen eine dritte Karte nehmen, wenn er sechs oder sieben Augen hat (bei acht oder neun ja sowieso nicht, da hat er ohnehin schon gewonnen, wenn der Bankhalter »gibt«). Er muß aber in jedem Falle eine dritte Karte ziehen, wenn er vier Augen oder weniger hält. Hat er genau fünf Augen, kann er wählen, ob er eine weitere Karte haben will. Die Chance, sich zu verbessern, ist dabei natürlich gering.

Hat ein Spieler mit den beiden ersten Karten genau zehn oder zwanzig Augen bekommen (die ja Null zählen), so hat er »*Baccara*« und kündigt es an; das Spiel wird dann neu gegeben, vorausgesetzt, der Bankhalter hat nicht acht oder neun Augen mit seinen beiden ersten Karten und gewinnt – die Spieler durften ja vorher ihre Karten nicht ansehen! Wird bei »*Baccara*« das Spiel neu gegeben, bleiben alle Einsätze stehen.

Diese Regel ist nicht allgemein üblich; oft wird normal weitergespielt, wenn jemand null Augen erhalten hat. Einmal (in manchen Banken auch mehrmals) während der Spielzeit eines Bankhalters, gewöhnlich in der ersten

Runde, haben die Spieler das Recht, »*Banco solo*« (oder einfach nur »*Banco*«) anzusagen. Derjenige, der diese Ansage macht, spielt nun allein gegen die Bank; nur er und der Bankhalter bekommen Karten. Der Banco-Spieler muß allein den gesamten Betrag der Bank setzen.
Soweit Regeln und Spielverlauf. Baccara ist, so einfach die Grundregeln auch sind, dennoch ein Spiel, das mit Geschick, Erfahrung und Verstand beeinflußt werden kann. Wer ein gutes Gedächtnis hat und sich die gefallenen Karten merken kann, ist im Vorteil, wenn der Stapel zu Ende geht; er kann sich dann seine Chancen besser ausrechnen. Das wär's.

Damit Sie Ihren Gästen nicht nur Getränke und vielleicht ein paar belegte Brote anzubieten haben, sondern auch noch etwas »Stilgerechtes« berichten können, hier eine Story zum Zwischendurch-Erzählen: 1919 gründete der Grieche Nicolas Zographos in Paris das »*Griechische Synkikat*«, das sich auf Baccara spezialisierte. Zographos hatte das Spiel nach seinen mathematischen Geheimnissen erforscht und besaß ein phänomenales Gedächtnis; er konnte jede gespielte Karte merken – und das bei 312 Karten, mit denen in Casinos gespielt wird. In den zwanziger und dreißiger Jahren spielten »die Griechen« in Monte Carlo, Cannes oder Deauville gegen die Geldgrößen der Welt: Aga Khan, Faruk oder Rothschild. Zographos galt als unschlagbar, wenn er die Bank hielt, aber er gewann nicht immer. Einmal im Jahre 1926 verlor er in einer Woche 2,6 Millionen Mark. Irgendwie schaffte er es, noch einmal eine Million Franc zusammenzukratzen und setzte die gesamte Summe auf ein einziges Spiel. Zographos war Bankhalter; seine Gegenspieler verlangten keine dritte Karte, hatten also wenigstens fünf Augen. Der Grieche selber hatte mit den beiden ersten Karten zwei Bilder bekommen, besaß also null Augen. Er zog eine dritte: Karo-Neun – und gewann. Seither war die Karo-Neun sein persönliches Glückszeichen, sie zierte sein Zigaretten-Etui, seine Manschettenknöpfe und den Stander seiner Yacht.

Spielvariante: Chemin de fer.

In Casinos wird Baccara mitunter in der Variante des Chemin de fer, der *»Eisenbahn«,* gespielt. Das Spiel hat genau dieselben Regeln wie Baccara, mit folgenden Ausnahmen: Die Bank wird nicht an den Meistbietenden versteigert, sondern geht reihum am Tisch immer an den nächsten Spieler. Der jeweilige Bankhalter setzt nur so viel in die Bank, wie er glaubt verkraften zu können; das ist dann das Limit für die Einsätze. Niemand muß die Bank nehmen, wenn er an der Reihe ist; er kann sie einfach weiterschieben. Der Bankhalter teilt nur an einen Gegenspieler Karten aus, nicht an zwei. Die Karten bekommt, wer den höchsten Betrag gewettet hat. Sobald ein Bankhalter einen *»Coup«,* eine Runde verloren hat, geht die Bank an den nächsten weiter; sie kann aber auch schon vorher abgegeben werden. Diesem laufenden Weiterschieben der Bank rund um den Tisch verdankt das Spiel den Namen *»Eisenbahn«.*

Black Jack

Varianten: Vingt-et-un und Siebzehn und Vier

Teilnehmer beliebig

Zubehör: 32 oder 52 Karten, Spielgeld oder Jetons

Black Jack (Jack sind im Amerikanischen die Karten-Buben) ist eines der beliebtesten Karten-Glücksspiele in den Casinos der Vereinigten Staaten. In Frankreich ist das Spiel als *Vingt-et-un* (Einundzwanzig) bekannt. Auch bei uns ist es sehr beliebt, und zwar unter dem Namen *Siebzehn und Vier,* wird allerdings meist nach sehr vereinfachten Regeln gespielt und verliert dadurch ein bißchen an Reiz. Grob gesagt ist das Spiel eine Variante von *Baccara,* nur daß man hier statt auf neun auf 21 Augen kommen muß und nicht nur zwei oder drei, sondern beliebig viele Karten ziehen kann.

Siebzehn und Vier nach vereinfachten Regeln kann man schnell mal zwischendurch spielen. Wollen Sie aber einen ganzen »Abend« daraus machen, empfehlen wir Ihnen, die Casino-Regeln von *Black Jack* oder *Vingt-et-un* genau zu beachten. Dadurch bekommt das Spiel mehr Atmosphäre. Allerdings sei vorausgeschickt, daß es keine überall verbindlichen Regeln für diese Spiele gibt; sie werden also oft von Ort zu Ort unterschiedlich gespielt, mit geringen Abweichungen. Wundern Sie sich also nicht, wenn jemand Ihrer Bekannten sagt, er kenne das Spiel ganz anders. Wir werden einige der Varianten erwähnen, aber nicht alle, um die Beschreibung nicht unnötig kompliziert zu machen. Sie können sich dann heraussuchen, was Ihnen und Ihren Gästen am meisten zusagt.

Zunächst einmal zu Black Jack. Sie brechen ein neues Päckchen mit 52 Karten auf. Wenn es ein Rommébatt ist, entfernen Sie die Joker daraus. Spielen Sie in größerer

Runde, nehmen Sie 2 × 52 Blatt. Die Karten werden gut gemischt. Danach geben Sie jedem am Tisch reihum eine Karte offen, also mit der Bildseite nach oben, beim linken Nachbarn beginnend. Wer die höchste Karte erhält, ist der erste Bankhalter (oder wer den ersten *»Jack«*, den ersten Buben bekommt). Wenn Sie nicht um Geld oder einen anderen interessanten Einsatz spielen, erhält jeder Spieler die gleiche Menge Spielgeld oder Chips (Spielmarken in verschiedenen Werten). Um es einfacher zu machen, können Sie nur Chips von einheitlichem Wert (gleicher Farbe) nehmen. Nun wird der Mindesteinsatz (ein Chip) und der Höchsteinsatz pro Wette festgelegt. Faustregel für den Höchstbetrag: Zahl der Chips, die jeder Spieler erhalten hat, geteilt durch die Zahl der Teilnehmer und nochmals geteilt durch vier. Beispiel: Haben sechs Spieler je 50 Chips erhalten, so ist der Höchsteinsatz auf zwei Chips pro Wette zu begrenzen.

Soweit die Vorbereitungen. Die folgende Beschreibung des Spielverlaufs entspricht den Regeln, wie sie in den Casinos von Las Vegas üblich sind (obwohl es auch dort noch Unterschiede von Lokal zu Lokal geben kann). Wir haben aber den Ablauf des Spiels ein bißchen auf den Hausgebrauch zugeschnitten.

Der Bankhalter mischt das ganze Kartenpaket gut durch und legt es, Bildseiten nach unten, mitten auf den Tisch; er fordert nun einen beliebigen Spieler auf, abzuheben. Wenn ein zweiter Spieler ebenfalls abheben will, hat auch er das Recht dazu. Allerdings darf kein dritter mehr abheben, es sei denn, der Bankhalter ist mit dem Abheben des zweiten Spielers unzufrieden und fordert einen dritten auf. Die abgehobenen Päckchen werden in umgekehrter Reihenfolge wieder aufeinandergelegt, so daß der ursprünglich obere Teil des Pakets nach unten gerät.

Der Bankhalter nimmt die Karten zur Hand, hebt die oberste Karte ab, zeigt sie den Spielern und legt sie verkehrt herum unter den Kartenstapel, also mit dem Bild nach oben; man nennt das das *»Brennen«* der Karte.

Vor dem Austeilen der Karten setzt jeder Spieler (außer

dem Bankhalter) den gewünschten Wettbetrag vor sich auf den Tisch. Der Bankhalter darf sich davon überzeugen, daß niemand das Limit überschritten hat. Jetzt gibt der Bankhalter jedem Spieler, bei seinem linken Nachbarn beginnend, reihum je eine Karte verdeckt, also mit der Bildseite nach unten. Sich selbst gibt er die erste Karte offen, so daß jeder sie sehen kann. Hat der Bankhalter eine gute, vielversprechende Karte erhalten, kann er sagen: »*Ich verdopple*«, das heißt, alle Wetten gelten nun doppelt (dieses Verdoppeln ist in Spielbanken nicht üblich, macht das Spiel zu Hause aber reizvoller). Danach gibt der Bankhalter in der gleichen Reihenfolge jedem Spieler eine zweite Karte verdeckt, diesmal auch sich selbst.
Die Spieler sehen sich ihre Karten an, ohne sie anderen zu zeigen. Hat der Bankhalter als erste, offene Karte ein As erhalten oder eine Karte, die 10 zählt, so muß auch er seine zweite verdeckte Karte ansehen; kommt er damit genau auf 21 Augen, so hat er ein »*natural*« und gewinnt. Es zählen dabei: As 11 Augen oder nur 1 Auge, ganz nach Belieben des Spielers; Bube, Dame und König je 10 Augen; alle übrigen Karten nach dem aufgedruckten Wert.
Hat der Bankhalter mit seinen beiden ersten Karten genau 21 Augen, so zeigt er die Kombination den Spielern und kassiert von jedem den doppelten Einsatz (beziehungsweise den vierfachen, wenn vorher schon verdoppelt wurde). Hat aber ein anderer Spieler ebenfalls ein »*natural*«, also 21 Augen mit zwei Karten, so bleibt sein Einsatz stehen für die nächste Runde, die sofort anschließt.
So eine 21-Kombination mit zwei Karten kommt natürlich nicht jedesmal vor. Hat der Bankhalter kein »*natural*«, so erkundigt er sich, ob jemand der Spieler eines hat. Ist das der Fall, so zahlt die Bank diesem Spieler sofort den doppelten (oder bei vorheriger Verdopplung den vierfachen) Betrag, den er gesetzt hatte. Sind alle vorhandenen »*naturals*« bezahlt, geht die Runde weiter. Der Bankhalter fragt nun den Spieler zu seiner Linken (falls dieser nicht schon ausbezahlt ist): »*Karte?*« Der Spieler hat dann die Wahl, nur bei seinen zwei Karten zu bleiben, dann sagt er auf die

Frage des Bankhalters: »*Danke*« mit einer ablehnenden Handbewegung, oder: »*Ich habe genug*«; er kann aber auch eine dritte und beliebig viele weitere Karten vom Bankhalter verlangen, die ihm offen gegeben werden, also mit dem Bild nach oben. Sobald er 21 Augen erreicht hat oder nahe genug herangekommen ist, hört er mit dem Kartenkauf auf und der nächste Spieler ist an der Reihe. Kommt ein Spieler mit einer Karte auf mehr als 21 Augen, deckt er sofort auf und verliert. Der Bankhalter kassiert den betreffenden Einsatz und »*brennt*« die Karten, legt sie also verkehrt unter seinen Handstapel. So geht's weiter reihum, bis zuletzt der Bankhalter für sich Karten ziehen darf, falls er es wünscht. In Casinos ist der Bankhalter jedoch nicht frei in seiner Entscheidung: Er deckt seine beiden ersten Karten auf; hat er 16 Augen oder weniger, so muß er unbedingt noch eine oder mehrere Karten ziehen, bis er wenigstens siebzehn erreicht hat; hat er aber 17 oder mehr Augen erreicht, darf er keine weitere Karte mehr ziehen, er muß »*stehen*«.
Kommt der Bankhalter auf mehr als 21 Augen, verliert er und zahlt allen, die noch im Spiel sind, (noch nicht gewonnen oder verloren haben), den gesetzten Betrag. Geht er nicht darüber, decken die Spieler, mit denen die Bank noch nicht abgerechnet hat, ihre Karten auf und vergleichen sie mit denen der Bank: Wer weniger Augen hat, verliert seinen Einsatz an die Bank, wer mehr hat (aber höchstens 21), gewinnt und erhält außer seinem Einsatz den gleichen Betrag von der Bank ausbezahlt (bei anfänglicher Verdopplung natürlich den doppelten). Hat ein Spieler genausoviele Augen wie der Bankhalter in seinen Karten, so bleibt sein Einsatz stehen für die nächste Runde.
Sind alle Zahlungen zwischen Bank und Spieler beendet, beginnt eine neue Runde. So wird weitergespielt, bis die erste »*gebrannte*« Karte erscheint (also alle Karten einmal durchgespielt sind). Nun übernimmt der nächste Spieler die Bank (die in diesem Spiel einige Vorteile hat). Man kann auch vereinbaren, daß jeder Spieler, der ein »natural« hat, anschließend die Bank übernehmen darf. Aber wohlge-

merkt: »*natural*« heißt nur die 21-Kombination mit zwei Karten, nicht mit mehreren.
Soweit die Grundregeln. *Black Jack* bietet aber den Spielern noch weitere Möglichkeiten, gegen die Bank zu spielen. Erhält ein Spieler mit den beiden ersten Karten gleichwertige (beispielsweise zwei Dreier oder zwei Könige oder auch eine Zehn und eine Dame, die ja beide 10 zählen), so kann er, wenn er will, die beiden Karten offen nebeneinanderlegen und mit zwei »*Händen*« spielen. Er setzt dann auf die zweite Karte den gleichen Betrag wie zu Anfang, verdoppelt also seine Wette und hat die Chance, zweimal zu gewinnen. Der Bankhalter behandelt die beiden Karten, als ob sie zwei Spielern gehörten, bedient also erst die eine zu Ende, dann die andere. Die nächste Karte für jede geteilte Hand wird verdeckt gegeben, alle weiteren wieder offen. Erhält der Spieler mit der zweiten Karte auf eine seiner Hände erneut ein Paar, dann kann er, wenn er will, wieder splitten und mit drei Händen weiterspielen, sofern er nur auf die dritte Karte wiederum den gleichen Betrag setzt. Das kann er beliebig weitermachen, so oft er mit der zweiten Karte auf eine geteilte Hand wieder ein Paar erhält.
Eine Ausnahme gibt es: Wer zwei Asse splittet, darf auf jedes nur noch eine Karte ziehen. Kommt er damit in einer Hand auf 21 Augen, so gilt das aber nicht als »*natural*«.
Wie der Bankhalter alle Wetten verdoppeln kann, so hat auch der Spieler das Recht, seine eigene Wette zu verdoppeln. Er muß dann, bevor er eine dritte Karte zieht, seine beiden ersten offen auflegen, den Einsatz verdoppeln und erhält dann nur noch eine einzige Karte verdeckt.
Im privaten Kreis wird auf bestimmte Kombinationen ein Bonus bezahlt, der in Casinos nicht üblich ist. So kann ein Spieler, der mit fünf Karten 21 Augen oder weniger hat, vom Bankhalter sofort seinen doppelten Einsatz als Gewinn fordern, auch wenn der Bankhalter später auf eine höhere Augenzahl kommt; er kann aber auch eine sechste Karte fordern und gewinnt dann vierfach, falls er nicht über 21 Augen kam und verlor. Erreicht ein Spieler 21 Augen

mit drei Siebenern, zahlt ihm die Bank den dreifachen Betrag seiner Wette.
In den amerikanischen Casinos wird auf ein *»natural«* nicht der doppelte Betrag der Wette ausbezahlt, sondern nur der anderthalbfache: *»Black Jack pays 3 to 2«,* steht auf den Tableaus. Und noch eine kleine Feinheit: In Casinos muß der Bankhalter ja, wie beschrieben, *»stehen«,* wenn er 17 oder mehr Augen erreicht hat, das heißt, er darf keine weitere Karte mehr ziehen. Hat er nun ein *»weiches 17«,* das heißt, 17 Augen einschließlich einem As, so muß er dieses As mit 11 Augen zählen und darf es nicht als 1 Auge berechnen (wie es die Spieler tun dürfen). Hat er also zum Beispiel eine Sechs und ein As, kann er nicht sagen, er habe nur sieben Augen.

So, und nun wieder eine Story zum Zwischendurch-Erzählen:
Black Jack ist, neben dem Würfelspiel *Craps,* das beliebteste Glücksspiel in Las Vegas, dem amerikanischen Spielparadies. 1905 war dieser Ort noch eine Zeltstation in der Wüste von Nevada. 1931 wurden in Nevada Glücksspiele gesetzlich erlaubt, das Örtchen Las Vegas blieb aber im Dornröschenschlaf, bis 1946 der New Yorker Gangster Benjamin »Bugsy« Siegel seinen Spielclub »Flamingo« eröffnete. Er bepflanzte über 40 Morgen Wüstenei mit Rasen und Korkeichen und ließ Flamingos in künstlichen Gewässern stolzieren. Ein Jahr später wurde Siegel ermordet. Sein Nachfolger lebte auch nicht viel länger. Danach schritt der Staat ein und verlangte Lizenzen von denen, die einen neuen Spielclub eröffnen wollten. Das konnte die Lawine nicht mehr stoppen. Zehn Jahre nach Eröffnung des Flamingo standen entlang dem berühmten »Strip«, der sechsspurigen Autostraße, zwölf Hotels mit Spielcasinos. 1961 besuchten schon fast zehn Millionen Amerikaner das neue Spielparadies in der Wüste. Heute gibt es in Las Vegas über 40 große Casinos, von denen jedes dem Umsatz nach mit Monte Carlo konkurrieren könnte, und überdies mehr als 100 kleinere Spielcasinos.

Spielvarianten: Vingt-et-un, Siebzehn und Vier

Vingt-et-un unterscheidet sich kaum von den Regeln des Black Jack.
Siebzehn und Vier. Diese »deutsche« Variante von Vingt-et-un wird meist mit 32 Karten gespielt, oft nur zu zweit. In größerer Runde wird das Blatt mit 52 Karten benützt. Auch hier muß man 21 Augen (17 + 4) erreichen oder möglichst nahe herankommen. Der Bankhalter setzt einen verhältnismäßig hohen Betrag in die Bank; danach richtet sich das Einsatzlimit aller Spieler. Nach dem Geben der ersten Karte (bei *Siebzehn und Vier* werden alle Karten verdeckt ausgeteilt) setzt jeder Spieler einen beliebigen Betrag als Wette ein. Alle Wetteinsätze zusammen dürfen aber den Betrag der Bank nicht übersteigen. Danach kann jeder Spieler beliebig viele weitere Karten fordern, die reihum einzeln gegeben werden. Jeder Spieler kann zwischendurch auch seinen Wetteinsatz erhöhen (falls der Höchstbetrag noch nicht erreicht ist); er muß dann aber unbedingt noch eine weitere Karte nehmen. Wer mehr als 21 Augen erhalten hat, ist *»tot«* und wirft seine Karten ab; er hat verloren. Wer genau 21 Augen erzielt oder zwei Asse *(»Feuer«)* erhalten hat, deckt auf und gewinnt, falls nicht der Bankhalter das gleiche Resultat erreicht. Erst wenn alle Spieler mit Karten bedient sind, gibt sich der Bankhalter zu seiner ersten Karte, die er nun offen auflegt, weitere Karten, ebenfalls offen. Wird er *»tot«*, verliert er gegen alle anderen, die noch im Spiel sind. Zieht er 21, gewinnt er in jedem Falle. Erreicht er weniger als 21 Augen, gewinnt er gegen jeden, der ebensoviele oder noch weniger Augen hat, verliert aber gegen jeden, der mehr Augen vorzeigen kann. Im Gegensatz zu *Black Jack* zählt bei *Siebzehn und Vier* das As immer 11 Augen; der Bube zählt 2, die Dame 3 und der König 4 Augen, wenn mit dem »kleinen Blatt« zu 32 Karten gespielt wird. Beim Spiel mit 52 Karten können die Bildkarten je 10 Augen gelten. Im übrigen gelten die gleichen Regeln wie für *Black Jack.* Wettverdoppelungen werden gewöhnlich nicht erlaubt.

Ecarté

Teilnehmer: zwei; es können sich aber beliebig viele weitere am Wetten beteiligen.
Zubehör: 32 Karten.

Erinnern Sie sich: In den fünfziger Jahren schossen in den Bahnhofsgegenden der Großstädte Spielbaracken aus dem Boden, wo *Ecarté* gespielt wurde, genauer gesagt: die *Ecarté*-Varianten *Casino, Ramso* oder *Bara*. Das hat das Spiel vielleicht ein bißchen in Verruf gebracht; es ist aber nach wie vor eines der wenigen Kartenspiele zu zweit, das sogar ohne Einsatz von Geld reizvoll ist.
Das eigentliche Spiel wird stets nur zu zweit ausgetragen. Es können sich aber beliebig viele Zuschauer mit Wetten daran beteiligen, indem sie auf Sieg oder Verlust irgendeines der Spieler setzen.
Vor Spielbeginn wird ein neues Kartenpäckchen angebrochen, ein Skatblatt zum Beispiel. Nimmt man ein Rommé-blatt, so werden die Joker und die Werte Zwei bis Sechs daraus entfernt, so daß 32 Karten übrigbleiben. Bei strengem Spiel nach Regeln (die übrigens nicht verbindlich und deshalb von Ort zu Ort verschieden sind) müssen zwei Kartenspiele mit unterschiedlichen Rückenfarben verwendet werden.
Jeder der beiden Spieler hebt vom gemischten Paket ab und sieht die unterste der abgehobenen Karten an. Wer die höchste Karte findet, gibt zuerst. Die Karten haben bei diesem Spiel einen Rang, der von den meisten anderen Spielen abweicht:
König ist die höchste Karte, danach folgen Dame, Bube, As, Zehn, Neun, Acht und Sieben. Der Bube sticht also das As, das As die Zehn.

Der Geber mischt erneut, läßt abheben und gibt dann seinem Gegner (Vorhand) und sich je fünf Karten, entweder zunächst drei und dann zwei oder umgekehrt. Die nächste, die elfte Karte also, wird umgedreht und offen beiseitegelegt; sie bestimmt die Trumpffarbe, und zwar solange, bis alle 32 Karten verbraucht sind. Diese Karte darf nicht mehr zur Hand genommen werden, bis erneut gemischt wird. Jeder der beiden Spieler sieht sich nun seine Karten an und entscheidet, ob er damit spielen kann oder nicht.
Ziel des Spiels ist es, von den fünf möglichen Stichen die Mehrzahl zu bekommen, also wenigstens drei. Mit dem ersten Ausspiel beginnt Vorhand; die ausgespielte Farbe muß angesagt werden. Der zweite Spieler muß diese Farbe bedienen und die Karte nach Möglichkeit überstechen. Das ist eine unbedingte Muß-Vorschrift! Wird also eine Herz-Neun angespielt, und der zweite Spieler hat Herz-Acht und Herz-Dame auf der Hand, so muß er mit der Dame stechen. Hat er keine Herzkarte, so muß er mit einer Trumpfkarte stechen (falls nicht gerade Herz Trumpf ist). Nur wenn der zweite Spieler weder in der angespielten Farbe bedienen noch in Trumpf stechen kann, darf er eine beliebige andere Karte abwerfen.
So weit sind wir aber eigentlich noch gar nicht, denn vor dem ersten Ausspiel tut sich noch einiges. Nach dem Geben besieht sich also jeder Spieler seine Karten und prüft, ob er voraussichtlich wenigstens drei Stiche machen kann. Hat Vorhand ein gutes Blatt, sagt er *»Ich spiele«*. Dann geht's los mit dem ersten Ausspiel. Hat er ein schlechtes Blatt, kann er *»proponieren«,* das heißt, er beantragt, beliebig viele seiner Handkarten abzulegen (zu ekartieren) und dafür neue vom Reststapel zu erhalten. Hat der Geber aber ein gutes Blatt und möchte selber spielen, kann er diese Proposition ablehnen (indem er *»Spiel«* sagt), und das Spiel geht los. Haben beide kein aussichtsreiches Blatt, so wird der Geber die Proposition annehmen. Vorhand ekartiert die schlechten Karten, legt sie verdeckt ab und darf sie, genau wie die späteren Stiche, nicht mehr ansehen. Danach erhält er vom Geber ebensoviele neue Karten. Der

Geber hat nun das Recht, seinerseits unliebsame Karten zu tauschen, wenn er vorher eine entsprechende Zahl seiner Handkarten abgelegt hat. Jetzt prüfen erneut beide, ob sie spielen können, also wenigstens drei Stiche erhalten werden. Will keiner spielen, kann erneut getauscht werden. Dabei können jedesmal beliebig viele, auch alle Handkarten gegen neue getauscht werden. Das geht so lange weiter, bis einer erklärt, er werde spielen. Das Spiel muß aber in jedem Falle spätestens beginnen, wenn alle 32 Karten ausgegeben wurden.

Sie werden diese Tauscherei und dieses Zögern vielleicht komisch finden; das alles hat aber seinen guten Grund: Erklärt nämlich jemand der beiden, er werde spielen und verliert dann das Spiel (bekommt also nur zwei oder noch weniger Stiche), so bekommt der Gegner Pluspunkte – und bei fünf Punkten ist das ganze Spiel schon vorbei!

Hat also jemand erklärt, er werde spielen, beginnt das Stechen, wie schon beschrieben. Die erste Karte spielt dabei immer Vorhand aus, egal, ob er das Spiel machen will oder nicht. Wer einen Stich gemacht hat (die höherwertige Karte gespielt hat), legt die erste Karte zum nächsten Stich aus. Sobald alle fünf Stiche gemacht sind, werden die gewonnenen Punkte gutgeschrieben.

Bewertung:

Wer erklärt hat, er werde spielen, darf sich einen Punkt gutschreiben, wenn er drei oder vier Stiche gemacht hat; alle fünf Stiche in seiner Hand *(»Vole«)* zählen zwei Punkte. Hat aber der Gegner gewonnen, darf er sich zusätzlich zu diesem einen oder den zwei Punkten noch einen weiteren Punkt gutschreiben.

Deckt der Geber als elfte Karte einen König als Trumpf auf, darf er sich dafür ebenfalls einen Punkt notieren. Ebenso erhält jeder einen Punkt, der den Trumpfkönig (die höchste Karte also) auf der Hand hat und dies ansagt, bevor die erste Karte zum Anspiel gefallen ist.

Wer als erster fünf Punkte erreicht, ist Sieger des Spiels. Er kassiert den Inhalt der Bank, in die beide Spieler vor Beginn der Runde den gleichen Betrag gesetzt hatten.

Beide Spieler begleichen nun auch eventuelle Wetten von Zuschauern. Die Zuschauer können entweder auf Sieg des Gebers oder auf Verlust des Gebers wetten, ebenso auf Sieg oder Verlust von Vorhand. Die Einsätze werden in die Nähe des betreffenden Spielers gelegt und entsprechend markiert (man kann beispielsweise die Einsätze auf Sieg auf eine offene Spielkarte legen, die auf Verlust auf eine verdeckte). Der jeweilige Spieler zahlt dann demjenigen den gesetzten Betrag aus, der richtig gewettet hatte und kassiert die falschen Wetten auf seine Person.

Die Geschichte zum Zwischendurch-Erzählen: *Ecarté* ist ein Spiel, das aus dem Orient kommt. Dort haben schon im Mittelalter die Zuschauer Wetten auf den Sieger im Karten-Zweikampf abgeschlossen. Im späten Mittelalter kam das Spiel nach Frankreich und wurde der beliebteste (oder sagen wir: zweitbeliebteste) Zeitvertreib der vornehmen Welt. *Ecarté* spielten unter anderen: Die Herzöge von Guise, von Egeron, von Joinville oder Bassompierre, die Königin Maria von Medici und auch der Kardinal Mazarin.

Spielvarianten

Die von *Ecarté* etwas abweichenden Spiele *Kasino* (Ecarté-Chouette), *Ramso* und *Bara* (Bayrisch Rams) wurden nur erfunden, um dem Spielverbot von *Ecarté* in öffentlichen Lokalen zu begegnen, nachdem das Reichsgericht 1927 entschieden hatte, *Ecarté* in seiner ursprünglichen Form sei ein Glücksspiel. Die Spiele sind im Grunde keine Verbesserung des Originalspiels. Bei Ramso beispielsweise zählt das Aufdecken oder der Besitz des Trumpfkönigs keinen Punkt mehr; außerdem darf der Geber die Proposition von Vorhand nicht ablehnen; Karten werden erst ekartiert, wenn man neue bekommen hat; eine angespielte Karte muß nicht unbedingt gestochen werden.

Pharo

auch Pharao genannt; in den USA: Faro

Teilnehmer: beliebig
Zubehör: 2 × 52 Karten; Spieltisch mit Tableau, das man sich in vereinfachter Form rasch selber machen kann; Spielgeld.

Pharo war um die Wende des 18. zum 19. Jahrhunderts das Spiel der High Society in Europa. In den USA war es das beliebteste Kartenspiel, ehe *Poker* es verdrängte. Es ist im Grunde ein ganz simples Spiel, noch einfacher als *Baccara,* und wird nur durch den Einsatz spannend, der hier ins Astronomische steigen kann.

Zuvor das gleiche Ritual wie bei allen Glücksspielen: Sie brechen zwei neue Kartenpakete auf und entfernen eventuell vorhandene Joker. Aus dem einen Spiel sortieren Sie nun sämtliche Pik-Karten aus und legen sie in zwei Reihen nebeneinander in der Wertfolge As, Zwei, Drei und so weiter bis Bube, Dame, König. Das ist Ihr Ersatz für das Spieltableau mit den Einsatzfeldern.

Ein Bankhalter wird bestimmt; er und beliebig viele Mitspieler bekommen nun eine Menge Spielgeld, wie man es in jedem Spielwarengeschäft kaufen kann. Auf die 13 Karten auf dem Tisch kann nun jeder (außer dem Bankhalter) seine Einsätze legen, wobei zuvor ein Höchsteinsatz vereinbart werden muß. Mit seinem Einsatz wettet der Spieler, daß eine bestimmte Karte gewinnt oder verliert; jeder darf natürlich auch auf mehrere Karten setzen. Um zu markieren, daß ein Einsatz auf Verlust und nicht auf Gewinn steht, wird eine Münze auf das Spielgeld gelegt.

Der Bankhalter mischt unterdessen das zweite Kartenspiel (das noch vollständig ist), läßt einen Spieler abheben und legt die oberste Karte beiseite, nachdem er sie gezeigt hat;

sie wird ebensowenig verwendet wie die allerletzte Karte des Päckchens. Nun beginnt das Spiel, indem der Bankhalter die erste Karte offen nach links auf den Tisch legt, die nächste rechts. Die links liegende Karte bedeutet für den Spieler *»Verlust«*, die rechte *»Gewinn«* (das Spiel ähnelt also unserem *»Meine Tante – Deine Tante«*). Ein Beispiel: Liegt links eine Acht, rechts ein Bube, so zieht der Bankhalter von der Pik-Acht auf dem Tisch alle Einsätze, die auf Gewinn gewettet hatten, ein; er zahlt dagegen jedem den Betrag seines Einsatzes, der auf Verlust gewettet hatte. Danach verfährt er entsprechend mit den Einsätzen auf dem Pik-Buben: Hier kassiert er die Verlust-Wetten und bezahlt die Gewinn-Einsätze. Jetzt kann jeder Spieler neu setzen oder seine Einsätze stehen lassen oder beliebig verändern.

Anschließend deckt der Bankhalter die nächsten beiden Karten auf und verfährt genauso, wie eben beschrieben. Fallen rechts und links gleichwertige Karten (zum Beispiel zwei Buben), so kann die Bank die Hälfte aller Einsätze auf diesem Feld kassieren. Der Mindesteinsatz pro Wette muß also so gewählt werden, daß er noch zu halbieren ist. So geht das Spiel weiter, bis nur noch die letzte Karte übrig ist, mit der nicht mehr gespielt wird.

Die Möglichkeit bodenloser Spekulation wird dem Spieler durch das *»Paroli«* geboten: Im Falle eines Gewinns sagt er dem Bankhalter Paroli an; der zahlt den Gewinn nicht aus, sondern behält ihn zurück, bis die Karte erneut fällt. Gewinnt der Spieler wieder, erhält er den dreifachen Einsatz, verliert er, wird der Einsatz kassiert. Im Falle des Gewinns kann nun erneut Paroli geboten werden; der Gewinn wird wieder zurückbehalten, bis die Karte zum drittenmal fällt; gewinnt der Spieler wieder, bekommt er den siebenfachen Einsatz, bei nochmaligem Paroli den 15 fachen, dann den 31fachen, den 63fachen Einsatz und so weiter – falls er nicht vorher verliert und überhaupt nichts bekommt! Der Spieler muß bei Paroli übrigens nicht immer auf ein und dieselbe Karte setzen, sondern kann nach jedem Gewinn auf eine andere Karte wetten.

Außer durch das progressive und spekulative Paroli kann der Spieler auch durch das einfachere »*Paix*« seine Gewinnchancen erhöhen. Der Gewinn steigt bei dieser Ansage nicht immer um das Doppelte plus einem Einsatz pro Gewinn (der nur einmal gesetzt wird), sondern jeweils nur um eine Stufe: Beim ersten Paix doppelter Gewinn, beim wiederholten Paix dreifacher, dann vierfacher Gewinn. Sollte der Spieler verlieren, erhält er nichts ausbezahlt, darf aber seinen ursprünglichen Einsatz behalten.
Damit die Spieler sich leichter merken können, welche Karten schon gefallen sind, schreibt sich jeder auf einen Zettel die 13 Werte As, Zwei, Drei und so weiter bis König untereinander. Ist eine Karte (die Farbe spielt ja keine Rolle) auf Gewinn gefallen, markiert er neben dem entsprechenden Wert auf seinem Zettel eine 1, bei Verlust eine Null, bei einem Split (wenn zwei gleiche Karten fielen) ein X. Stehen dann im Laufe des Spiels hinter einem Wert beispielsweise drei Nullen und eine Eins, so weiß der Spieler, daß diese Karte viermal gefallen ist und nun also nicht mehr kommen kann. Steht ein X hinter einem Wert, ist die Karte zweimal gefallen.
Jeder Spieler muß sich seine Einsätze genau merken. Um die Übersicht zu erleichtern, kann man, falls die Teilnehmerzahl nicht zu groß ist, jedem Spieler die 13 Karten einer Farbe zuteilen, so daß jeder sein eigenes Tableau vor sich hinlegen kann, auf dem er seine Einsätze macht.

Und auch hier die Story zum Zwischendurch-Erzählen: Beim Pharospiel hat Graf Rostow aus Tolstois »Krieg und Frieden« ein Vermögen verloren. Die Faro-Spielbanken im Wilden Westen der USA zeigten als Aushängeschild gewöhnlich einen Tiger. »Bucking a tiger« heißt im Amerikanischen deshalb soviel wie: Faro spielen. Der Name des Spiels kommt vermutlich daher, daß auf den französischen Karten statt des Königs ein Pharao abgebildet war.

Poker

Teilnehmer: beliebig, am besten 5 bis 7.
Zubehör: 52 Karten; Chips oder Spielgeld.

Laden Sie doch mal ein paar Bekannte zu einer zünftigen *Poker-Party*. Jeder bei uns kennt das Spiel dem Namen nach, aber kaum jemand kann es richtig spielen. Hierzulande wird meist nach viel zu primitiven Regeln gepokert, so daß Leute, die schon mal am Pokertisch saßen, sich schwerlich vorstellen können, warum dieses Spiel so berühmt ist. Sie können also Eindruck machen, wenn Sie Ihren Gästen die originalamerikanischen Regeln beibringen.
Poker ist eines der wenigen Glücksspiele, die auch ohne Einsatz von Geld noch einen gewissen Reiz haben. Dafür nimmt man gern in Kauf, daß die Regeln etwas komplizierter sind als bei den meisten anderen Spielen mit dem Glück. Man kennt heute auf der Welt etwa 150 Varianten von *Poker*, vom ursprünglichen *Straight*, den alte Hasen noch spielen, über *Whiskey* und *Stud* bis zum *Draw Poker*, der heute am beliebtesten ist. Aber auch *Draw Poker* (»Zieh-Poker«) wird in ungezählten Abweichungen gespielt. Wundern Sie sich also nicht, wenn unsere Beschreibung ganz anders klingt als das, was Sie bisher von *Poker* kannten. Wir bringen Ihnen hier die Standardregeln für *Draw Poker* mit *Jackpots*, wie sie in den USA üblich sind.
Das Spiel läuft in fünf Stationen ab:

1. Kartengeben
2. Einsatz zahlen
3. Karten tauschen (»ziehen«, daher der Name Draw Poker)
4. Wetten (die wichtigste und spannendste Station)
5. Show down (Karten zeigen) und Kassieren.

Ziel des Spieles ist es, eine so gute Kombination von Karten auf die Hand zu bekommen, daß man eine Wette darauf eingehen kann, niemand hätte bessere. Die Kombination aus jeweils fünf Karten wird umso höher bewertet, je seltener man sie auf die Hand bekommt. Jeder Spieler kann wetten, daß er die höchste Kombination auf der Hand hat. Alle anderen können diese Wette halten oder erhöhen – oder passen.

Die Rangfolge der Kartenkombinationen ist von unten nach oben:

1. *Kein Paar*
2. *Ein Paar*
3. *Zwei Paare*
4. *Drei Gleiche*
5. *Straight* (Sequenz)
6. *Flush* (Farbflöte)
7. *Full house oder Full hand* (volles Haus oder volle Hand: drei Gleiche und ein Paar)
8. *Vier Gleiche*
9- *Straight Flush* (Sequenz in einer Farbe)

Zu diesen neun Hauptkombinationen kommen gelegentlich noch einige Zwischenstufen, die wir später erläutern. Was bedeuten nun diese neun Kombinationen?

1. *Kein Paar:* Der Spieler kann mit seinen fünf Karten überhaupt keine Kombination aus wertgleichen Karten bilden, er hat also fünf völlig verschiedene Karten in verschiedenen Farben. Über den Wert dieser »Hand« entscheidet die höchste Karte, die man hat. Haben zwei Spieler denselben Wert als höchste Karte, entscheidet die zweithöchste über den Rang. Die Reihenfolge der Karten ist dabei wie in allen Kombinationen:

As, König, Dame, Bube, 10, 9 und so weiter bis 2.

2. *Ein Paar:* Der Spieler hat unter seinen fünf Karten zwei gleichwertige, zum Beispiel zwei Damen, neben drei beliebigen anderen, die nichts zählen. Haben zwei Spieler ein Paar, gewinnt das höhere. Haben beim Showdown beide gleichwertige Paare, so entscheidet die höchste der drei Beikarten. Einen Vorrang irgendeiner Farbe vor einer

anderen gibt es beim Poker nicht (auch wenn es in deutschen Spielregelbüchern gelegentlich behauptet wird).

3. *Zwei Paare:* Der Spieler hält zwei Paare, zum Beispiel zwei Buben und zwei Achten, neben einer fünften Karte, die nicht zählt. Das höherwertige Paar entscheidet über den Rang. Zwei Paare (auch mit niederen Karten) schlagen jede Hand mit einem Paar, selbst zwei Asse.

4. *Drei Gleiche:* Der Spieler hat drei gleichwertige Karten neben zwei beliebigen anderen, zum Beispiel: Acht-Acht-Acht-Drei-König. Diese Kombination schlägt zwei Paare.

5. *Straight:* Wörtlich übersetzt bedeutet es: die Gerade. Einen Straight hat, wer eine lückenlose Reihe von fünf aufeinanderfolgenden Werten in beliebiger Farbe auf der Hand hält. Die höchste Sequenz ist As-König-Dame-Bube-Zehn, die niederste Fünf-Vier-Drei-Zwei-As, wobei das As hier als Eins gilt. Im Straight dürfen alle vier Farben vorkommen. Er schlägt drei Gleiche. Haben zwei Spieler einen Straight, entscheidet die höchste Karte. Sollten einmal beide Straights völlig identisch sein (bis auf die Farben), so wird die Wette geteilt.

6. *Flush:* Das sind fünf beliebige Karten in einer einzigen Farbe, zum Beispiel König-Bube-Sieben-Drei-Vier, alle in Herz. Haben zwei Spieler einen Flush, entscheidet die höchste Karte über den Rang. Ist auch sie gleich, entscheidet die zweithöchste, die dritthöchste und so weiter.

7. *Full house* oder *Full hand:* Wer aus seinen fünf Karten ein Paar und drei Gleiche bilden kann, hat ein volles Haus, zum Beispiel: Dame-Dame-Dame-Vier-Vier. Über den Rang entscheidet der Wert der drei Gleichen, dann erst die Höhe des Paares. Beispiel: Full house 4-4-4-2-2 schlägt also Full house 3-3-3-König-König.

8. *Vier Gleiche:* Wer alle vier im Spiel vorhandenen Werte hat, zum Beispiel alle vier Achten, besiegt damit jedes Full house.

9. *Straight Flush:* Eine Kombination aus Straight und Flush. Der Spieler muß eine ununterbrochene Reihe aufeinanderfolgenden Werte haben, alle in einer einzigen Farbe, zum Beispiel Herz oder Pik. Der niederste Straight

Flush (der aber sogar vier Asse schlägt) ist As-Zwei-Drei-Vier-Fünf in einer Farbe; der höchste ist Zehn-Bube-Dame-König-As in gleicher Farbe und heißt »Royal Flush«. Er ist beim Pokern (ohne Joker) die höchste überhaupt erreichbare Kombination.

Nun zum eigentlichen Spielverlauf: Sie nehmen ein Paket mit 52 Karten (also ohne Joker), am besten ein neues, das vor den Augen der Mitspieler aufgebrochen wird. Die Karten werden gemischt, der erste Bankhalter wird durch Los bestimmt (wer die höchste Karte zieht). Der Bankhalter mischt die Karten noch einmal gut durch und läßt abheben. Jeder Spieler hat das Recht, das Spiel noch einmal zu mischen, doch darf der Bankhalter stets zuletzt mischen, muß aber in jedem Falle abheben lassen. Der Spieler in Vorhand, links vom Geber, ist der »Alte«; er hat gewisse Vorteile beim Wetten. Deshalb geht die Bank nach jedem Spiel an den nächsten Spieler, reihum im Uhrzeigersinn. Für die Wetten wird ein Höchstbetrag vereinbart. Um die Beschreibung nicht unnötig zu erschweren, rechnen wir hier in Spielgeld, wie man es in Spielwarengeschäften kaufen kann, und nicht in verschiedenfarbigen Chips, wie sie bei Poker üblich sind. Sie können unsere Spielgeldeinheiten jederzeit auf Chips übertragen; dabei sind gelbe Chips die höchsten, rote gelten die Hälfte, blaue ein Viertel und weiße ein Zehntel der gelben. Nehmen wir an, Sie setzen den Höchstbetrag pro Wette auf 10 Mark (in Spielgeld). Der *»Alte«* muß nun vor dem Austeilen der Karten einen *»Ante«* setzen, einen Vorausbetrag, gewöhnlich ein Zehntel des Höchsteinsatzes, also hier eine Mark, höchstens jedoch die Hälfte, also fünf Mark. Danach teilt der Bankhalter die Karten aus, einzeln reihum im Uhrzeigersinn, bis jeder fünf Karten hat. Jeder Spieler kann nun seine Karten ansehen (es sei denn, er möchte *»straddeln«*, was später beschrieben wird). Der Bankhalter fragt nun den Spieler links vom Alten, ob er mitgehen will. Hat dieser Spieler schlechte Karten, kann er sofort passen. Er legt seine Karten hin, braucht nichts zu bezahlen und ist für diese Runde aus dem Spiel. Hat er aber aussichtsreiche

Karten, geht er mit und setzt nun den doppelten Betrag des »*Ante*«. Danach wird der nächste Spieler gefragt. Geht er mit, muß er ebenfalls den doppelten »*Ante*« setzen. So geht es reihum weiter; jeder Spieler kann passen oder setzen, auch der Bankhalter. Zuletzt wird der »*Alte*« gefragt. Da er schon seinen »*Ante*« gesetzt hat, braucht er, um mitzugehen, nur noch einmal denselben Betrag zu setzen, so daß jeder Mitspieler (außer denen, die gepaßt haben), den gleichen Betrag eingebracht hat.
Die ersten beiden Stationen (Kartengeben und Einsatz zahlen) sind nun vorüber. Jetzt kommt das Ziehen. Jeder Spieler, der nicht gepaßt hat, kann nun beliebig viele Karten, die ihm nicht passen, verdeckt ablegen (Rückseite nach oben), also auch alle fünf. Der Bankhalter gibt jedem Spieler eine entsprechende Anzahl neuer Karten, beginnend beim Alten und im Uhrzeigersinn weiter. Ist das Ziehen beendet, beginnt die Wettrunde. In jeder Spielrunde wird nur ein einziges Mal gezogen.
Mit dem Wetten beginnt der erste Spieler links vom »*Alten*«, der nicht gepaßt hat. Glaubt dieser Spieler, mit seinen Karten keine Chancen zu haben, kann er nun passen, verliert dann aber seinen bisherigen Einsatz. Will er im Spiel bleiben (also wetten, daß er die beste Hand hält), so setzt er einen beliebigen Betrag in die Kasse, aber mindestens den Betrag des »*Ante*«, höchstens den vereinbarten Höchstbetrag. Dann folgt der nächste Mitspieler zur Linken. Er kann nun entweder passen, sehen oder erhöhen. Paßt er, legt er die Karten ab und verliert seinen Einsatz. Will er »*sehen*«, setzt er den gleichen Betrag wie sein Vorgänger. Glaubt er, eine bessere Karte zu haben, kann er erhöhen; er setzt dann den Betrag seines Vorgängers und einen weiteren Betrag, der ebenfalls den Höchstbetrag erreichen darf. So geht es weiter, bis alle Spieler gepaßt, gesehen oder erhöht haben. Zuletzt in dieser ersten Wettrunde setzt der »*Alte*«. Jeder Spieler, der nicht paßt, muß mindestens den Betrag seines Vorgängers setzen.
Hat niemand die Wette des ersten Spielers erhöht, so folgt das Show-down. Die Spieler legen ihre Karten auf, die

höchste Hand gewinnt und kassiert den gesamten Inhalt der Bank. Hat nur ein einziger gewettet und alle anderen paßten, so braucht der Wetter die Karten nicht zu zeigen und darf kassieren. Hat aber irgendjemand die Wette des ersten Spielers erhöht, so folgt eine weitere Wettrunde. Jeder Spieler kann nun wiederum passen (und verliert alles, was er bisher gesetzt hat), sehen (er muß dann so viel nachzahlen, bis er den Betrag der bisher höchsten Wette erreicht) oder erhöhen (also darüberhinaus eine Summe bis zum Höchstbetrag setzen). Das geht so lange weiter, bis eine Runde lang niemand mehr erhöht hat. Die Spieler, die inzwischen nicht gepaßt haben, zeigen dann ihre Karten und die höchste Hand gewinnt.
Bleibt beim Wetten schließlich nur noch ein einziger übrig (wagt also niemand mehr, zu sehen oder zu erhöhen), so kassiert er den Kasseninhlt, ohne seine Karten zu zeigen. Das ist die Chance des Bluffers, der also auch mit einer nichtswertigen Karte gewinnen kann, wenn er nur die Nerven und das Geld hat, lange genug zu erhöhen.
Soweit der *»normale«* Spielverlauf, der aber variieren kann. So haben beispielsweise die Spieler die Möglichkeit des *»straddle«*, des Verdoppelns. Hat der *»Alte«* seinen *»Ante«* gesetzt, kann sein linker Nachbar *»straddeln«*, das heißt er verdoppelt den *»Ante«*, ohne seine Karten vorher anzusehen. Damit wird er der *»Alte«*, kommt also in die günstige Position, als letzter zu wetten. Der nächste Spieler kann nun seinerseits *»straddeln«*, also der *»Alte«* werden, und so weiter. Die Grenze ist allerdings erreicht, sobald der ein- oder mehrfach verdoppelte *»Ante«* die Hälfte des vereinbarten Höchstbetrages erreicht hat. Jeder *»gestraddelte«* Einsatz gilt nämlich als *»Ante«* und die folgenden Spieler müssen ja, um mitzugehen, den doppelten *»Ante«* als Eröffnung setzen, wobei sie natürlich nun ihre Karten vorher ansehen dürfen. Setzt also der erste »Alte« gleich die Hälfte des Höchstbetrags als »Ante«, so nimmt er damit seinem linken Nachbarn die Chance zu »straddeln«. Wenn *»gestraddelt«* wird, kann übrigens jeder folgende Spieler bereits erhöhen, also mehr setzen als den doppelten

»*Ante*«, sofern er den Höchstbetrag nicht übersteigt. Der nächste Spieler kann seinerseits um den Höchstbetrag oder einen Teil davon erhöhen und so weiter, so daß schon vor dem Kartentausch regelrechte Wettrunden eingelegt werden. Dadurch werden gleich zu Beginn die schwachen »*Hände*« zum Passen gezwungen. Ein Beispiel:
A ist Bankhalter und gibt die Karten. B zu seiner Linken setzt eine Mark (Spielgeld) als Ante. C als nächster möchte verdoppeln, sieht seine Karten deshalb nicht an und setzt gleich fünf Mark, die Hälfte des vereinbarten Höchstbetrages von 10 Mark. Er verbaut damit seinem linken Nachbarn D die Chance, erneut zu »straddeln«. C ist nunmehr der »*Alte*« und wettet als letzter. D will mitgehen, muß nun also das Doppelte setzen wie sein Vorgänger, also 10 Mark (den »*Ante*« verdoppeln), wobei er seine Karten vorher ansehen darf. Mehr als 10 Mark darf er nicht setzen, weil er den Höchstbetrag erreicht hat. E, der nächste Spieler, hat schlechte Karten und paßt, setzt also nichts in die Kasse. F, der sechste und letzte Spieler, bringt ebenfalls den doppelten »*Ante*« und erhöht um weitere fünf Mark. Nun ist der Bankhalter A dran. Er paßt ebenfalls. B will mitgehen, aber nicht erhöhen; er hat als erster eine Mark gesetzt, muß nun also, um gleichzuziehen mit der letzten Erhöhung, vierzehn Mark bringen. C, der »*gestraddelt*« hatte mit fünf Mark, setzt 10 Mark und erhöht um weitere zehn Mark. D hat bisher 10 Mark gesetzt und muß weitere 15 setzen, um mitzugehen. E hat vorher schon gepaßt, F paßt nun ebenfalls, der Bankhalter ist auch schon draußen. Im Spiel sind nun nur noch B, C und D. B muß noch mit der letzten Erhöhung von C gleichziehen, wenn er drinbleiben will. C hat insgesamt 25 Mark gesetzt, B erst 15. Er setzt also weitere 10 Mark. Er könnte nun seinerseits erhöhen, aber lassen wir's mal dabei. Keiner hat nun nach C's Erhöhung noch erhöht, die Runde ist ausgeglichen. Nun können Karten getauscht, »*gezogen*« werden. Danach geht das Wetten zwischen den dreien in der gleichen Weise weiter. Der erste, der wettet, ist D, weil C durch sein »*Straddeln*« der »*Alte*« geworden ist. Er kann

nun einen beliebigen Betrag zwischen fünf und zehn Mark setzen. B und C können diesen Betrag halten (sie »*sehen*«) oder zusätzlich einen Betrag bis zu 10 Mark setzen (sie »*erhöhen*«). Jede erhöhte Wette muß von den anderen ausgeglichen werden oder kann wiederum erhöht werden. Jeder Spieler kann aber auch passen, wenn's ihm zuviel wird. Nehmen wir an, B paßt auch. Nun sind nur noch C und D im Spiel. Sobald keiner der beiden mehr erhöht, werden die Karten gezeigt und verglichen. Die höhere Hand gewinnt alles. Hätte schließlich noch einer der beiden gepaßt, so hätte der allein übrigbleibende die Kasse nehmen können, ohne seine Karten zu zeigen.

Jackpots

Das ist eine weitere Variante des Spielverlaufs, etwa so wie ein angesagter Schneider beim Skat. Es ist also kein Spiel für sich, sondern eine Spielart, die im Laufe einer Pokerpartie mehrmals vorkommen kann. Wann *Jackpot* gespielt wird, muß vorher ausgemacht werden. Man kann beispielsweise vor Spielbeginn ein Streichholz in die Kasse legen, das der erste Gewinner mit dem Kasseninhalt erhält. Sobald der Besitzer des Streichholzes nun Bankhalter wird, erklärt er *Jackpot.* Der Gewinner erhält dann das Hölzchen. Man kann auch vereinbaren, *Jackpot* zu spielen bei bestimmten Ereignissen, zum Beispiel, wenn jemand ein *Full house* oder eine bessere Hand hat, oder wenn in einer Runde überhaupt niemand spielt oder wettet.
Worum geht es nun bei *Jackpots?* Es gibt dabei keinen »*Alten*« und also auch keinen »*Ante*«. Jeder Spieler bringt vor dem Wetten den gleichen bestimmten Betrag, zum Beispiel zwei Mark. Hat jeder gesetzt und seine Karten angesehen, fragt der Bankhalter, links beginnend, alle Spieler nacheinander, wer den *Pot* (die Kasse) eröffnen kann. Zur Eröffnung braucht ein Spieler mindestens ein Paar Buben oder eine bessere Hand; er muß damit aber nicht eröffnen, wenn er nicht will. Sobald jemand eröffnet

hat, werden die folgenden Spieler gefragt, ob sie in den *Pot* spielen wollen; das kann nun jeder, der mitspielen will, auch wenn er schlechtere Karten als zwei Buben hat. Während der Anfangs-Einsatz, den jeder bringen muß, höchstens ein Viertel des vereinbarten Höchstbetrages sein sollte, kann der Eröffner jede Summe bis zum Höchstbetrag setzen. Jeder, der danach mitgeht (man kann nun auch passen), muß den Satz des Eröffners in den *Pot* legen, kann aber auch seinerseits innerhalb der Grenze erhöhen. Sobald nicht mehr erhöht wird, werden Karten getauscht. Der Eröffner darf dabei eine Karte seines eröffnenden Paares ablegen, muß dies aber deutlich erklären und die Karte neben sich legen. Er muß am Schluß des Spiels vorweisen können, daß er eine ausreichende Karte zur Eröffnung hatte, auch wenn er nicht bis zum Ende mitgespielt hat. Nach dem Kartentausch geht's bei *Jackpot* weiter wie beim »normalen« *Draw Poker*. Der Eröffner beginnt dabei mit dem Wetten.
Wenn bei *Jackpot* kein Spieler eröffnen kann oder will, gibt der nächstfolgende Bankhalter neue Karten. Die Einsätze bleiben stehen. Jeder Spieler legt in den *Pot* einen weiteren Einsatz und es wird erneut *Jackpot* gespielt.

Nun, wie immer, die Story zum Zwischendurch-Erzählen:
Im Wilden Westen wurde natürlich fürchterlich viel gepokert und geschossen. Einer der berühmten Pokerer und Revolverhelden war Wild Bill Hickok. Er starb beim Pokern in einer Kneipe in Deadwood (South Dakota), als er sich unvorsichtigerweise mit dem Rücken zur Tür gesetzt hatte. Plötzlich trat ein gewisser Jack McCall zur Tür herein, zog den Revolver und schoß Hickok in den Hinterkopf. Später kam heraus, daß McCall von einer Bande Falschspielern gedungen war, die befürchtet hatten, Hickok könnte Marshal werden und ihnen dann das Leben bald schwer machen. Als er starb, hatte Hickok gerade zwei Paare auf der Hand: zwei Asse und zwei Achten. Diese Kombination heißt in Poker-Kreisen seither »The Play of the Dead Man«, das Spiel des toten Mannes.

Straight Poker. Bei dieser ursprünglichen Form des Pokers werden keine Karten getauscht. Man wettet also auf die fünf Karten, die man zuerst bekommt.

Stud Poker. Auch hier werden keine Karten getauscht; man wettet aber auf eine teilweise offenliegende Hand. Jeder Spieler erhält eine Karte verdeckt (die er nicht ansehen darf), danach eine Karte offen, also mit der Bildseite nach oben. Nun wird in der üblichen Weise gewettet, indem jeder die erste Wette hält oder erhöht. Man kann aber auch jetzt schon passen. Danach bekommt jeder, der nicht gepaßt hat, eine dritte Karte offen. Es wird erneut gewettet. Jeder, der noch mitspielt, bekommt nun seine vierte Karte, wieder offen. Dritte Wettrunde. Danach bekommt jeder aktive Spieler seine letzte offene Karte und es beginnt die abschließende Wettrunde. Mit dem Wetten beginnt immer derjenige Spieler, der unter seinen offenen Karten die höchste Kombination hat. Er muß eine beliebige Summe zwischen Mindest- und Höchstbetrag setzen. In späteren Runden kann auch er passen, wenn ein anderer inzwischen eine bessere Kombination hat. Nach der abschließenden Wettrunde wird die erste, verdeckt gegebene Karte umgedreht und es zeigt sich, wer die beste Hand hat und gewinnt.

High-Low Poker. Bei dieser Variante von Stud Poker gewinnt nicht nur der Spieler mit der höchsten Kombination, sondern auch der mit der schlechtesten Hand. Beide teilen sich den Gesamteinsatz. Vor dem *Showdown* (also vor dem Umdrehen der verdeckt gegebenen Karte, die niemand vorher ansehen darf) erklärt jeder Spieler, ob er für die höchste oder die niederste Kombination gewettet hat. Kandidiert er beispielsweise für die höchste Hand und es zeigt sich, daß er die schlechteste hat, bekommt er gar nichts. Die Gewinner von Hoch und Tief teilen sich die Kasse.

Seven-Card Stud. Jeder Spieler bekommt zunächst zwei verdeckte – die er nicht ansehen darf – und eine offene Karte. Danach wird gewettet. Anschließend geht's weiter

wie bei Stud, nur bekommt hier jeder Spieler sieben statt fünf Karten und kann daraus die fünf besten für seine Pokerhand aussuchen.
High-Low Seven-Card Stud. Eine Kombination aus den beiden vorher beschriebenen Varianten, die auch im Familienkreise mit Kindern und ohne Einsatz äußerst reizvoll zu spielen ist. Man gibt und wettet wie bei *Seven-Card Stud.* Vor dem *Showdown* entscheidet man sich für Hoch oder Tief wie beim *High-Low Poker.* Hier aber kann nun ein Spieler auch für Hoch und Tief zugleich kandidieren: Er wählt dann aus seinen sieben Karten fünf für eine hohe Kombination und aus diesen und den beiden Restkarten fünf für eine schlechte Hand. Gewinnt er mit beiden, hat er den Einsatz ganz. Gewinnt er nur für eine Kombination, teilt er sich die Kasse mit dem anderen Gewinner. Verliert er mit beiden Händen (andere haben ja schließlich auch auf Hoch oder Tief gewettet), bekommt er überhaupt nichts.
Poker mit Joker. Jede der beschriebenen Pokervarianten (auch das »normale« *Draw Poker*) kann mit Jokern gespielt werden. Gewöhnlich wird nur ein Joker ins Spiel genommen, der jede andere Karte ersetzen kann. Manchmal wird vereinbart, daß der Joker nur als fünftes As oder zusätzlich nur als Lückenbüßer in einem *Straight,* einem *Flush* oder einem *Full house* verwendet werden darf. Beim Spiel mit Joker ist die höchstmögliche Kombination nicht der *Royal Flush,* sondern fünf Asse (vier Asse mit Joker).

Zusätzliche Kartenkombinationen

Außer den bisher erwähnten neun Hauptkombinationen werden beim Pokern gelegentlich noch Zwischenstufen erlaubt, die vor allem in der unteren Hälfte bis zum Flush feinere Abstufungen ermöglichen. Welche der im folgenden genannten Kombinationen im Spiel erlaubt sein sollen, muß vorher vereinbart werden; alle zugleich werden nur selten gewählt.
1. Four-Flush. Das ist ein Flush mit nur vier statt fünf Kar-

ten. Die fünfte Karte zählt nicht und kann von beliebiger anderer Farbe sein; sie entscheidet aber, wenn zwei Spieler genau denselben *Four-Flush* (nur in zwei verschiedenen Farben) haben. Der *Four-Flush* schlägt ein Paar, verliert aber gegen zwei Paare.

2. Blaze. Eine beliebige Kombination aus fünf Bildkarten. Sie darf also nur aus Buben, Damen und Königen bestehen, zum Beispiel: König-König-Dame-Bube-Bube. Sie schlägt zwei Paare, verliert aber vor drei Gleichen.

3. Skip Straight oder Dutch Straight. Das ist gewissermaßen eine Sprung-Sequenz: sie besteht aus aufeinanderfolgenden geraden oder ungeraden Werten beliebiger Farbe, zum Beispiel 2-4-6-8-10 oder 3-5-7-9-Bube. Sie besiegt drei Gleiche, verliert aber gegen einen »echten« *Straight.*

4. Round-the Corner-Straight. Dieser Straight »um die Ecke« hat das As irgendwo in der Mitte, also zum Beispiel: 3-2-As-König-Dame oder 4-3-2-As-König. Er ist soviel wert wie ein Skip Straight, besiegt also drei Gleiche, verliert aber gegen einen normalen Straight.

5. Skeet. Eine Kombination, in der kein Paar enthalten sein darf, in der die Neun die höchste Karte ist und außerdem die Fünf und die Zwei vorkommen müssen. Beispiel: 9-6-5-3-2. Sie schlägt jeden Straight, verliert aber gegen Flush.

In der gleichen Art gibt es noch weitere Kombinationen, die einen Straight besiegen und vor einem Flush verlieren. Man nennt sie *»Tiger«* (tigers oder cats) und *»Hunde«* (dogs). Sie sind alle höher als der Skeet. Die Rangfolge von unten nach oben:

6. Little dog. Der »kleine Hund« hat die Sieben als höchste, die Zwei als niederste Karte und darf kein Paar enthalten. Beispiel: 7-5-4-3-2.

7. Big dog. Beim »großen Hund« ist As die höchste, Neun die niederste Karte; kein Paar. Beispiel: As-Dame-Bube-10-9.

8. Little tiger oder Little cat. Acht muß die höchste, Drei die niederste Karte sein in dieser Hand ohne Paar. Beispiel: 8-7-6-5-3.

9. Big tiger oder Big cat. König ist die höchste, Acht die niederste Karte, kein Paar. Beispiel: König-Bube-10-9-8. Diese »*Katzen*« und »*Hunde*« sind also sozusagen Straights mit einem Loch und der Bedingung, daß bestimmte Karten die obere und untere Grenze bilden.

Und zuguterletzt noch eine Variante von *Poker,* die manche Leute für reizvoll halten, und die bei entsprechenden Teilnehmern oder besser: Teilnehmerinnen, durchaus reizvoll sein kann:

Strip Poker. Das ist keine Erfindung aus unseren Tagen; *Strip Poker* wurde schon gespielt, ehe die Sexwelle eine Flutwelle war. Wir entnehmen einem amerikanischen Spielbuch aus dem Jahre 1938 die folgende Beschreibung:

»Eine populäre Variante von Poker, besonders im Sommer, ist Strip Poker. Dabei muß jedesmal der Spieler mit der niedrigsten Hand oder alle Spieler mit Ausnahme des Gewinners ein Kleidungsstück ablegen, oder irgendetwas, was sie bei sich tragen. Männer legen solche Dinge ab wie Uhren, Manschettenknöpfe, Taschentücher, Schuhbänder und so weiter. Gegenstände, die in den Taschen getragen werden, wie Bleistifte, Briefe und so weiter dürfen nicht abgelegt werden. Damen legen Haarnadeln ab (wenn sie welche haben), Schmuckstücke und so weiter. Mancherorts spielen die Männer in einem Raum und die Frauen im anderen.« Na, dann viel Spaß.

Rouge et Noir

Rot und Schwarz; in Spielcasinos: Trente et Quarante

Teilnehmer: beliebig
Zubehör: 3 × 52 Karten; Spielgeld oder Jetons; Tableau für die Einsätze.

Eines der berühmtesten Glücksspiele. Wer's nicht kennt, stellt sich vermutlich Gott weiß was darunter vor, nur nicht das, was es wirklich ist: Ein einfaches Spielchen, das allein durch den Einsatz spannend wird. Es wird heute noch in Casinos gespielt, zum Beispiel in Monte Carlo. Da dieses Spiel im Gegensatz zu Roulett nur einfache Gewinnchancen bietet, wird es um hohe Einsätze gespielt; daher wohl hat es den Nimbus von Exklusivität und Highlife.
Die Spielregeln sind rasch erklärt; komplizierter ist die Prozedur, mit der das Spiel zelebriert wird. Wir empfehlen Ihnen aber, gerade auf dieses Drumherum großen Wert zu legen – nur so wird Ihre Spiel-Party ein gesellschaftlicher Abend. Da die Spielregeln so einfach sind, kann jeder sofort am Spiel teilnehmen, auch wenn er nicht weiß, wie eine Spielkarte aussieht. Es genügt, wenn einer – Sie als Gastgeber zum Beispiel – die Regeln beherrscht; Sie müssen dann allerdings auch den Bankhalter spielen, bis sich ein anderer dieses Amt zutraut. In Casinos ist der Bankhalter ein Angestellter des Hauses und heißt »*Tailleur*« (tajör).
Zunächst die Grundregeln des Spiels:
Vom gemischten Kartenpaket werden nacheinander einzelne Karten abgezogen und offen nebeneinander in eine Reihe gelegt. Der Tailleur zählt dabei lautlos die Augen der Karten zusammen (Sie können das zu Hause ruhig laut machen, das erhöht die Spannung!). Sobald in einer Reihe mehr als 30 Augen liegen (30 genügen also noch nicht, es

müssen mindestens 31 sein), bricht der Tailleur diese Reihe ab und bildet auf dieselbe Weise darunter eine zweite Reihe. Die Karten haben dabei folgenden Wert, folgende Augenzahl: Alle Bildkarten, also König, Dame und Bube je 10 Augen, Zehn = 10, Neun = 9 und so weiter bis herunter zum As, das nur 1 Auge zählt.
Aus dieser Bewertung ergibt sich, daß 31 die niederste und 40 die höchste Augenzahl ist, die in einer Reihe liegen kann. Die Mitspieler haben nun vorher darauf gewettet, in welcher Reihe die niedrigere Augenzahl liegen wird. Die obere Reihe ist die *»schwarze«*, die untere die *»rote«* (was natürlich nichts mit den Kartenfarben zu tun hat). Gewonnen hat die Farbe, die die wenigsten Augen hat.
Das ist natürlich noch nicht alles, aber es ist das, was Sie sich zunächst einprägen müssen, um die Beschreibung des Spielablaufs sofort zu verstehen.
Nun zum Spiel selber. Sie sind also Tailleur und mischen die drei (neuen!) Kartenpäckchen gut zusammen. In Monte Carlo wird zwar mit 6 × 52 Karten gespielt, für den Hausgebrauch reicht aber auch die Hälfte. Das gemischte Paket lassen Sie von einem Mitspieler abheben, so daß der obere Teil nach unten gerät. Jetzt fordern Sie die Runde auf, ihre Einsätze zu machen: *»Bitte das Spiel machen«* (Eine Zusammenstellung der in Casinos üblichen französischen Ausdrücke finden Sie am Schluß dieser Beschreibung). Die Wetten werden auf einem Tableau gesetzt, das man sich mit ein bißchen Geschick – am besten auf dickem, grünem Karton oder mit Stoffarben auf grünem Filz – auch selbst herstellen kann. Die Abbildung auf Seite 54 zeigt das Tableau.
Das ist zwar in Casinos nur das halbe Tableau, aber für zu Hause reicht's. Es bietet vier Möglichkeiten zu setzen, vier *»Chancen«:*
Rouge – hierhin legt der Spieler seinen Einsatz, der erwartet, daß Rot gewinnt;
Noir – das Feld für Spieler, die auf Schwarz tippen; auf die beiden weiteren Chancen *»Couleur«* und *»Inverse«* kommen wir gleich noch.

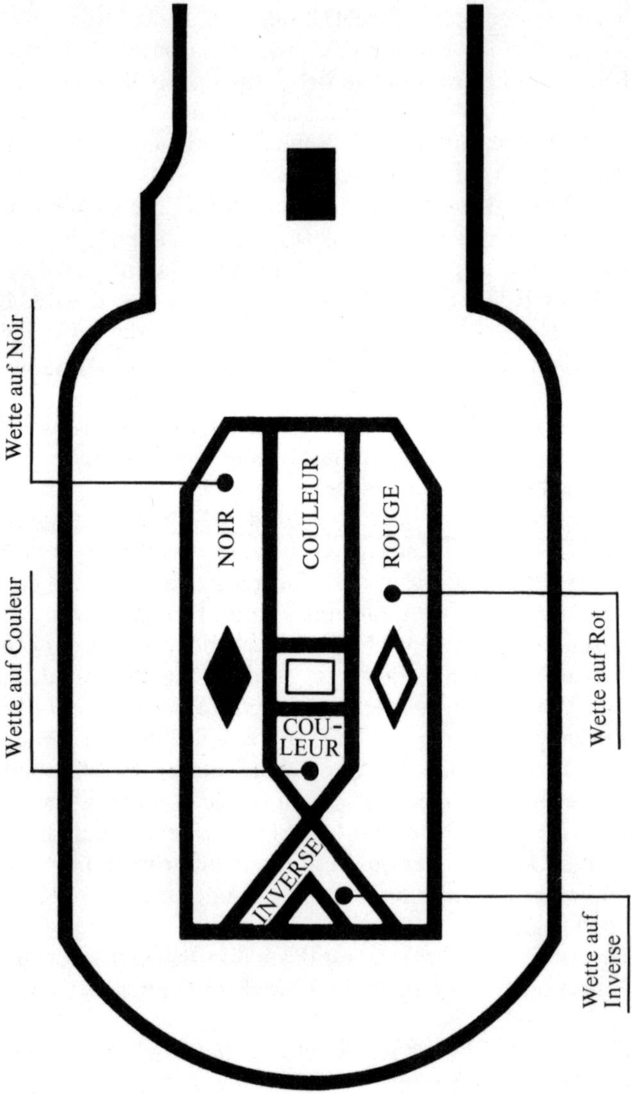
Wette auf Noir
Wette auf Couleur
NOIR
COULEUR
ROUGE
COU-
LEUR
INVERSE
Wette auf Rot
Wette auf Inverse

Wenn alle gesetzt haben, die setzen wollten (niemand ist dazu gezwungen), kündigen Sie an, daß Sie mit dem Auslegen der Karten beginnen: *»Nichts geht mehr«*. Niemand darf nun noch eine Wette setzen. Jetzt legen Sie die beiden Reihen aus, wie oben beschrieben. Für jede Reihe sagen Sie die Summe an, zuerst für die obere schwarze, dann für die rote. Dabei werden stilgerecht nur die Einerzahlen angesagt, man verschluckt also die *»dreißig«*. Liegen für Schwarz 34 Augen, für Rot 37, so wird angesagt: *»Vier, Sieben«*. In diesem Falle hat Schwarz gewonnen. Jeder, der auf diese Chance gesetzt hatte, bekommt nun von der Bank einen Betrag in Höhe seines Einsatzes ausbezahlt; seinen eigenen Einsatz darf er natürlich auch behalten. Die auf Rot liegenden Einsätze haben dagegen verloren und werden von der Bank kassiert.
Nun zu den beiden weiteren Chancen: *»Couleur«* heißt Farbe, *»Inverse«* bedeutet: Gegenteil. Welche von beiden gewinnt, entscheidet sich beim Legen der allerersten Karte. Ist es beispielsweise eine rote Karte (Herz oder Karo), und es gewinnt später die zweite Reihe, also die Farbe Rot, so gewinnt auch Couleur. Stimmt die Farbe der ersten gelegten Karte nicht mit der gewinnenden Farbe überein, so gewinnt *»Inverse«*, das Gegenteil. Auszahlung wie auf den Feldern *»Rouge«* und *»Noir«*.
Jeder Spieler kann natürlich auch auf zwei Chancen setzen, zum Beispiel einen Jeton auf *»Rouge«* und einen auf *»Couleur«* legen. Man kann auch *»à cheval«* setzen, das heißt mit einem einzigen Jeton zwei Chancen belegen. Die Spielmarke muß dann *»rittlings«* auf die Trennlinie zwischen den beiden Einsatzfeldern gelegt werden. Gewinnen nun beide Chancen, erhält der Wettende den Betrag seines Einsatzes von der Bank; gewinnt nur eine der beiden Chancen, gewinnt der Spieler nichts, verliert aber auch nichts; er kann seinen Einsatz zurückziehen oder stehenlassen. Verlieren beide Chancen, kassiert die Bank den Einsatz.
Welche Chancen gewonnen haben, sagt der Tailleur nach dem Auslegen beider Reihen laut und deutlich an. Dabei vermeidet er es traditionsgemäß, die Chancen *»Schwarz«*

und *»Inverse«* zu nennen; er sagt nur an, was mit Rot oder Couleur passiert. Gewinnt also Schwarz, sagt der Tailleur: *»Rot verliert«*. Eine komplette Ansage lautet also beispielsweise so: *»Sieben, drei, Rot gewinnt und Couleur«*, oder: *»Vier, Neun, Rot verliert, Couleur gewinnt«*, oder: *»Drei, Acht, Rot verliert und Couleur«*.

Sollten einmal in beiden Reihen die gleichen Augenzahlen fallen, so wird das Auslegen mit den nächsten Karten wiederholt. Die Spieler können vorher ihre Einsätze beliebig verändern. Fallen jedoch für Rot und für Schwarz genau 31 Augen, so tritt das gefürchtete *»Refait«* ein: Das Auslegen der Karten wird wiederholt, die Einsätze aber stehen *»en prison«*, sie sind im Gefängnis; kein Spieler darf seinen Einsatz verändern oder zurückziehen. Nach dem zweiten Auslegen werden die Einsätze frei, die auf gewinnenden Chancen lagen; sie können vom Spieler zurückgezogen werden, jedoch werden keine Gewinne ausbezahlt. Die Einsätze auf verlierenden Chancen kassiert die Bank. Das *»Refait«* ist also ein gutes Geschäft für die Bank, ähnlich wie die *»Zéro«*, die Null beim Roulett.

Noch eine kleine Feinheit bei der Ansage: Fällt in einer Reihe das Maximum, also 40 Augen, so wird nicht *»Null«* angesagt oder *»Zehn«*, sondern *»Vierzig«*.

Zum Schluß noch für Leser, die Französisch sprechen, die in Casinos üblichen Ansagen:

Mesdames et Messieurs, faites vos jeux – Bitte das Spiel machen.

Les jeux sont faits. Rien ne va plus – Nichts geht mehr.

Deux, six, Rouge perd et Couleur gagne – Zwei, sechs, Rot verliert, Couleur gewinnt.

Fallen in beiden Reihen gleiche Augenzahlen, so annonciert der Tailleur zum Beispiel: *Huit, huit après* – Acht, acht danach, oder im Falle des Refait: *Un, un après*.

Liegen in einer Reihe vierzig Augen, wird *»Quarante«* angesagt.

Mit *»Rouge et Noir«* haben Sie nun alle klassischen Glücksspiele kennengelernt. Wir erläutern Ihnen anschließend die populären *»Heimspiele«* mit dem Glück.

Beliebte einfache Glücksspiele

Blüchern

Teilnehmer: beliebig
Zubehör: 52 Karten; Einsatzschema, das man sich selbst herstellt.

Blücher, der »*Marschall Vorwärts*«, der Napoleon bei Leipzig und Waterloo (gemeinsam mit Wellington) besiegte, soll dieses Spiel gern gespielt haben.
Ein Bankhalter mischt die Karten gut und läßt abheben. Danach fordert er die Mitspieler auf zu setzen. Jeder (außer dem Bankhalter) kann nun auf eines der 13 Felder eines Schemas eine Wette setzen.

<table>
<tr><td>1</td><td>2</td><td>3</td><td>4</td><td>5</td><td>6</td><td rowspan="2">7</td></tr>
<tr><td>13</td><td>12</td><td>11</td><td>10</td><td>9</td><td>8</td></tr>
</table>

Man kann es sich leicht auf ein großes Stück Karton oder mit Kreide auf den Tisch zeichnen. Die Zahlen auf den Feldern symbolisieren die einzelnen Kartenwerte: 1 = As, 2 = Zwei und so weiter bis 10 = Zehn, 11 = Bube, 12 = Dame, 13 = König.

Ein Höchstbetrag pro Wette wird vereinbart. Jeder Spieler kann diesen Höchstbetrag (oder einen Teil davon) auf ein Feld setzen und, wenn er will, den gleichen Betrag auf weitere Felder. Jeder merkt sich seine Einsätze.
Ist das Setzen zu Ende, nimmt der Bankhalter den Kartenstapel und deckt eine Karte nach der anderen auf, wobei er laut mitzählt, zunächst von 1 bis 13. Stimmt eine aufgedeckte Karte mit der angesagten Zahl überein, ist zum Beispiel die vierte Karte eine Vier oder die elfte Karte ein Bube, so kassiert der Bankhalter die Einsätze auf den entsprechenden Feldern. Nach der 13. Karte ist die erste Runde zu Ende. Stimmte bisher noch keine einzige Karte mit der angesagten Zahl überein, muß der Bankhalter aus eigener Tasche sämtliche Einsätze auf den Feldern verdoppeln. Konnte er jedoch in dieser ersten Runde bereits ein Feld oder mehrere abkassieren, so müssen die übriggebliebenen Einsätze von den Spielern selbst verdoppelt werden.
Nun zählt der Bankhalter die nächsten 13 Karten ab. Bei Übereinstimmungen kassiert er die Einsätze der entsprechenden Felder und am Ende der Runde müssen stehengebliebene Einsätze erneut von den Spielern verdoppelt werden. Traf in dieser Runde aber keine Übereinstimmung ein, muß der Bankhalter die Einsätze aus seiner Kasse verdoppeln. Danach wird das gleiche Spielchen mit den nächsten und dann mit den letzten 13 Karten getrieben. Alle Einsätze, die zuletzt noch stehen, haben gewonnen. Jeder Gewinner erhält von der Bank den stehenden Betrag als Gewinn ausbezahlt.
Anschließend beginnt ein neues Spiel (mit demselben oder einem anderen Bankhalter), wobei die Karten zuvor gut gemischt werden müssen.
Blüchern wird gelegentlich nach etwas anderen Regeln gespielt (wobei zum Beispiel Gewinne nach jeder Runde sofort entnommen werden dürfen und Verdopplungen nicht vorgeschrieben sind), doch ist das Spiel dann längst nicht so spannend.

Bullermännchen – Schlesische Lotterie

Teilnehmer: beliebig
Zubehör: 2 × 32 Karten; Spielmarken oder Kleingeld

Der erste Bankhalter mischt eines der beiden Kartenpäckchen (Werte: Sieben bis As, wie bei Skat) gut durch und läßt abheben. Jeder Mitspieler kann nun eine oder mehrere Karten wählen (kaufen), die ihm vom Bankhalter aus dem zweiten Päckchen gegeben werden. Der Käufer der Karte legt einen beliebigen Wettbetrag (zum Beispiel zehn Pfennig oder eine Spielmarke) auf die Karte; ein Höchstbetrag dafür wird vom Bankhalter festgelegt (denn er muß bis zum Neunfachen dieses Betrages auszahlen können).
Nach dem Kartenkauf zieht der Bankhalter vom gemischten und noch vollständigen Kartenpäckchen die beiden ersten ab und legt sie offen nebeneinander auf den Tisch. Stimmt eine der beiden Karten in Wert und Farbe mit einer gekauften Karte überein, erhält der Käufer von der Bank den einfachen Betrag seiner Wette als Gewinn. Danach werden erneut zwei Karten abgezogen. Für eventuelle Übereinstimmungen zahlt die Bank nun schon den zweifachen Einsatz. Danach zieht der Bankhalter ein drittes und schließlich ein viertes Paar Karten ab und zahlt für Übereinstimmungen den drei- beziehungsweise vierfachen Betrag dessen, was der Käufer auf seine Karte gesetzt hatte. Zuletzt zieht der Bankhalter noch die neunte und letzte Karte, das »*Bullermännchen*«, und legt sie quer über die zuvor gezogenen Karten. Für eine Übereinstimmung des Bullermännchens mit einer gekauften Karte wird der neunfache Wetteinsatz als Gewinn gezahlt. Übriggebliebene Einsätze auf Karten kassiert die Bank.
Danach beginnt ein neues Spiel, wofür alle 32 Karten wieder gemischt werden. Die Mitspieler können auf die gleichen Karten wieder setzen oder neue wählen. Nach fünf Runden geht die Bank an den nächsten Spieler links vom bisherigen Bankhalter. Wer zuvor schon die Bank gesprengt hatte, muß sie sofort übernehmen.

Großes Los – »Gottes Segen bei Cohn«

Teilnehmer: vier oder mehr
Zubehör: 2 × 32 Karten oder 2× 52 Karten; Spielgeld

Der erste (durch Los bestimmte) Bankhalter mischt die beiden Kartenpäckchen getrennt voneinander gut durch. Vor Beginn des Spiels legt jeder einen vereinbarten Grundbetrag in eine gemeinsame Kasse vor den Bankhalter. Der Bankhalter teilt nun eines der beiden Spiele gleichmäßig an die Mitspieler aus, gibt sich selbst aber keine Karten. Sitzen beispielsweise außer dem Bankhalter sieben Spieler am Tisch, so erhält jeder vom 52er-Paket sieben Karten; die drei überzähligen Karten werden unter den Mitspielern an den Meistbietenden versteigert (Preise dafür bilden sich rasch aus eigener Erfahrung). Jeder Spieler legt seine Karten offen vor sich hin, am besten nach Farben und Werten geordnet.
Der Bankhalter nimmt das zweite Päckchen, darf aber unter keinen Umständen die unterste Karte sehen lassen, denn auf sie kommt es an – wer diese Karte hat, besitzt das große Los. Der Bankhalter deckt nun nacheinander einzeln und nicht zu schnell die Karten seines Päckchens auf und sagt deutlich die Werte an: *»Herz-Sieben, Kreuz-Dame ...«* und so weiter. Wer eine aufgerufene Karte vor sich hat, dreht sie um, so daß die Rückseite nach oben zeigt.
Da nur die zuallerletzt aufgerufene Karte (die unterste des Stapels) gewinnt, scheidet ein Spieler aus, sobald er alle seine Karten umgedreht hat. Er kann aber im Spiel bleiben, indem er von anderen Mitspielern noch offene Karten kauft. Je weiter das Spiel dem Ende zugeht, umso heftigere Preiskämpfe bilden sich dann um die wenigen noch offenen Karten. Es werden Gewinnbeteiligungen versprochen, und so mancher ist schon pleite, ehe das große *»Schlußgeschäft«* losgeht. Ein Gefühl dafür, was man bei diesem Handel einsetzen soll, hat man schon nach ein paar Runden. Um die beiden letzten offenen Karten wird erbittert gefeilscht, doch müssen sich die gebotenen Preise immer

im Rahmen des vereinbarten Gewinns halten. Das versteht sich von selbst, denn niemand wird für eine Karte zehn Spielmarken bezahlen, wenn er dafür nur zehn Marken als Gewinn erzielen kann.
Die letzte noch offene Karte hat das große Los gezogen und erhält den Bankinhalt (oder einen vorher vereinbarten Teil davon). Alle anderen müssen danach wieder den Grundbetrag in die Kasse legen wie zu Beginn des Spiels. In der nächsten Runde gehen Bank und Spielleitung an den nächsten Spieler über, die Bank wandert also laufend rund um den Tisch. Bleibt am Ende ein Betrag in der Bank übrig, wird um ihn eine Schlußrunde gespielt, bei der niemand setzen muß.
Strafen: Wer eine aufgerufene Karte nicht umdreht oder eine solche »tote« Karte gar noch verkauft, muß in die Kasse Strafen bezahlen, deren Höhe man vorher festlegt.

Handeln

Teilnehmer: vier oder mehr
Zubehör: 32 Karten oder 52 (bei vielen Teilnehmern); Spielgeld oder Chips.

Vor dem Spiel wird vereinbart, wieviel der jeweilige Verlierer dem Gewinner zahlen muß. Der Geber (der erste wird durch Los bestimmt) mischt die Karten, läßt abheben und gibt jedem Mitspieler und sich selbst je drei Karten; drei weitere Karten legt er offen nebeneinander auf den Tisch. Der Geber – aber nur er! – darf nun vor dem Handeln seine drei Handkarten mit den Tischkarten tauschen, wenn er will.
Danach beginnt das Handeln. Der Spieler links vom Geber fängt an; er legt eine unpassende Handkarte neben die Tischkarten und nimmt sich dafür eine passende vom Tisch. Ziel ist es, seine Handkarten zu verbessern und möglichst zwei oder drei hohe Karten von gleichem Wert oder gleicher Farbe zu erhalten.

Hat der erste *»gehandelt«*, kommt der nächste dran, und so geht's rund um den Tisch weiter. Glaubt ein Spieler, daß er ein ausreichend gutes Blatt hat, ruft er *»Eingeschafft!«*. Jeder andere kann danach der Reihe nach noch einmal handeln, nur der Einschaffer nicht. Anschließend deckt jeder seine Karten auf und zählt die Augen seiner höchsten Kombination zusammen. Es zählen dabei:
As 11, König, Dame und Bube je 10, alle anderen Karten entsprechend dem aufgedruckten Wert.
Gewertet werden aber nur Karten von gleichem Rang oder von gleicher Farbe. Hat jemand zum Beispiel Herz-König, Pik-König und Pik-Neun auf der Hand, kann er entweder die beiden Könige oder die beiden Pik-Karten kombinieren. Er wird natürlich die Könige als die höherwertige Kombination wählen. Hat jemand überhaupt keine Kombination, so zählt nur eine seiner Karten, die höchste.
Der Spieler mit den wenigsten Augen zahlt nun dem Gewinner mit den meisten Augen (das muß nicht der Einschaffer sein!) den vorher vereinbarten Betrag. Der nächste Spieler gibt zur zweiten Runde.
Haben zwei Spieler gleichwenig Augen, so verlieren beide und beide zahlen dem Gewinner. Gibt es zwei Gewinner mit gleicher Augenzahl, teilen beide sich den Gewinn.
Hat ein Spieler sich 31 Augen eingehandelt (As und zwei Bildkarten), ruft er *»Feuer!«*. Niemand darf danach noch handeln; die Karten werden sofort verglichen, um den Verlierer festzustellen.

Häufeln

Teilnehmer: 3 bis 6
Karten: 32 oder 52

Häufeln ist eines der schnellsten, aber auch der primitivsten Glücksspiele. Ein Bankhalter mischt und hebt vom Kartenpaket willkürlich so viele Häufchen ab, wie Spieler um den Tisch sitzen. Jeder wählt sich nun eines der Päck-

chen aus und zieht es zu sich heran, ohne die unterste Karte anzusehen; obendrauf legt jeder Spieler seinen Wetteinsatz, bis zum vereinbarten Höchstbetrag. Das übriggebliebene Häufchen nimmt der Bankhalter und dreht es um, nachdem jeder gesetzt hat. Danach sieht der Spieler links von ihm seine unterste Karte an. Ist sie niedriger als die des Bankhalters, verliert er seinen Einsatz an die Bank; ist sie höher, zahlt ihm die Bank einen Betrag in Höhe des Einsatzes als Gewinn; sind die Karten gleich, bekommt er nichts und zahlt nichts. Danach vergleicht der nächste Spieler seine unterste Karte mit der des Bankhalters; die Abrechnung ist die gleiche. So wird reihum weiter verfahren bis zum letzten Spieler.
Die Rangfolge der Karten: As, König, Dame, Bube, 10, 9, 8, 7 (6, 5, 4, 3, 2).

Landsknecht – Lansquenet

Teilnehmer: beliebig
Zubehör: 52 Karten; Spielgeld

Dieses Spiel soll, neben dem Würfeln, eine der beliebtesten Zeitvertreibereien der Landsknechte im 15. und 16. Jahrhundert gewesen sein. Die Spielregeln wurden vielfach variiert.
Der erste Bankhalter wird durch das Los bestimmt. Er mischt die Karten und läßt abheben. Dann nimmt er die ersten beiden Karten, die »*Handkarten*«, und legt sie offen nebeneinander beiseite. Auf diese beiden Karten wird nicht gewettet. Der Bankhalter zieht dann eine weitere Karte für sich, die er offen links hinlegt, und eine weitere für die Spieler, die offen rechts hinkommt. Stimmt eine der beiden Karten im Rang mit einer Handkarte überein, wird sie neben die betreffende Handkarte gelegt und eine neue dafür gezogen.
Die Spieler machen nun ihre Einsätze, das heißt: sie wetten auf »ihre« Karte, die Karte der Spieler. Jede Wette

muß vom Bankhalter sofort mit einem gleichen Betrag gedeckt werden. Jetzt beginnt das eigentliche Spiel. Der Bankhalter zieht eine Karte nach der anderen ab und vergleicht, ob sie im Rang mit einer der vier offenen Karten übereinstimmt (zum Beispiel König/König oder Acht/Acht). Paßt die erste gezogene Karte zu keiner der vier Karten, so wird sie als fünfte Karte offen auf den Tisch gelegt und die Spieler können nun auch darauf wetten. Paßt sie zu einer der beiden Handkarten, wird sie neben die betreffende gelegt. Paßt sie zu der Karte, auf die die Spieler gewettet haben, so darf der Bankhalter sofort alle Einsätze auf diese Karte einziehen. In diesem Falle nimmt der Bankhalter die beiden Karten, die ein Paar bilden, und legt sie neben »seine« Karte. Paßt die gezogene Karte aber zu seiner eigenen, so verliert er; die Spieler kassieren ihre Gewinne (die der Bankhalter ja gleich beim Einsatz zu den einzelnen Wetten legen mußte). Im Gegensatz zur Karte der Spieler wird die Bankhalterkarte aber nicht zurückgezogen, wenn sie mit einer anderen Karte ein Paar bildet; sie muß für die ganze Runde liegenbleiben.

Nun wird die nächste Karte gezogen und in gleicher Weise mit den offenen Karten verglichen – und so weiter. Wenn zu beiden Handkarten bereits Paare gebildet wurden, bevor eine gezogene Karte zur Spieler- oder Bankhalterkarte paßte, so gewinnt die Bank ebenfalls alle Wetten und darf auch das nächste Spiel geben.

Ein Spiel ist zu Ende, sobald alle Karten gezogen sind oder wenn alle *»Spielerkarten«* Paare gebildet haben und somit aus dem Verkehr gezogen sind, wenn also die Spieler keine Karte mehr haben, auf die sie setzen können. Die Bank geht nach jedem Spiel an den nächsten Spieler (die einzige Ausnahme wurde schon erwähnt).

Mauscheln – Vierblatt

Teilnehmer: 3 bis 5
Zubehör: 32 Karten; Spielgeld

Der erste Kartengeber mischt das Blatt gut und setzt die *»Pinke«,* den zwischen den Spielern vereinbarten Grundbetrag, der durch vier teilbar sein sollte (zum Beispiel 40 Pfennig). Dann gibt er, links beginnend, reihum jedem Spieler zwei Karten, auch sich selbst. Die folgende Karte deckt er auf und legt sie offen auf den Tisch; sie bestimmt die Trumpffarbe. Danach erhält jeder Spieler weitere zwei Karten.

Jetzt erklärt einer der Spieler, ob er mauscheln will. Der Spieler links vom Geber hat als erster das Recht dazu, danach dessen linker Nachbar und so weiter. Wer erklärt: *»Ich mauschle«,* übernimmt das Spiel und muß, um zu gewinnen, mindestens zwei Stiche machen. Sobald einer gesagt hat, er mauschle, muß er einen finden, der *»mitgeht«;* es können auch mehrere *»mitgehen«.* Wer erklärt: *»Ich gehe mit«,* muß mindestens einen Stich machen, um nicht zu verlieren.

Will in einer Runde keiner Mauschler werden, wird neu gegeben. Die alte *»Pinke«* bleibt stehen und der neue Kartengeber (der linke Nachbar des ersten) muß sie verdoppeln. Findet ein Mauschler aber keinen, der mitgeht, darf er die Pinke kassieren und ein neues Spiel beginnt.

Angenommen, einer sei Mauschler und habe einen oder mehrere gefunden, die mitgehen, so beginnt das eigentliche Spiel. Jeder der mitspielt, kann nun beliebig viele seiner vier Handkarten (auch alle oder gar keine) verdeckt ablegen (auf den »Scheiterhaufen« werfen). Er bekommt dafür vom Geber neue Karten aus dem Rest, der beim Geben übrigblieb. Zuerst erhält der Spieler neue Karten, der der Linken des Gebers am nächsten sitzt. Jeder Spieler darf nur einmal tauschen. Reichen dafür die Restkarten nicht aus, wird der Scheiterhaufen gemischt und zum weiteren Tausch verwendet.

Danach wird gestochen. Als erster spielt der Mauschler eine seiner vier Karten aus. Die Mitgeher müssen Farbe bedienen und überstechen, wenn sie können. Kann einer Farbe nicht bedienen, muß er trumpfen; kann er beides nicht, wirft er eine beliebige Karte ab. Die Rangfolge der Karten beim Stechen:
As (hoch), König, Dame, Bube, 10, 9, 8, 7 (tief).
Sind alle vier Stiche gemacht, wird abgerechnet. Für jeden Stich wird ein Viertel der »Pinke« bezahlt. Hat der Mauschler aber die erforderlichen zwei Stiche zum Sieg nicht erreicht, ist er »Mauschelbeet« und muß für jeden fehlenden Stich den einfachen Einsatz zahlen, der fürs nächste Spiel stehenbleibt. Auch ein Mitgeher, der den erforderlichen Stich nicht gemacht hat, zahlt die Pinke.

Spielvarianten

Mauscheln wird häufig *»mit Klopfen«* oder *»mit Belli«* gespielt. Beim Klopfen darf der Geber, wenn er eine hohe Karte als Trumpf aufdeckt, darauf klopfen – sie gehört dann ihm. Er darf aber zuvor seine eigenen Karten nicht ansehen; außerdem bedeutet das Klopfen soviel wie *»Ich mauschle«*. Beim Tausch nimmt sich der Geber dann vom Talon eine Karte weniger, als er abgelegt hat und zusätzlich den Trumpf.
»Belli« ist die Karo-Sieben; man kann vereinbaren, daß er ständiger zweithöchster Trumpf ist, nach dem jeweiligen Trumpf-As. Wer sich den *»Belli«* wegstechen läßt, muß eine vereinbarte Strafe zahlen.
Weitere Variante: Wer beim Geben vier Karten von gleicher Farbe erhält, muß sie auf den Scheiterhaufen werfen, die *»Pinke«* bezahlen und bekommt neue, die er dann wie gehabt tauschen darf (falls er mauschelt oder mitgeht).

Meine Tante – Deine Tante

Teilnehmer: beliebig
Zubehör: 32 Karten; Spielgeld; Feld für Einsätze

Dies ist eines der bekanntesten und in Spielerkreisen – neben *Siebzehn und Vier* – auch beliebtesten Glücksspiele in Deutschland. Ohne Einsatz ist es aber langweiliger als Däumchendrehen.
Das »*Tableau*« mit den Einsatzfeldern für die acht Karten einer Farbe ist rasch hergestellt, zum Beispiel mit Zündhölzern, wobei die Köpfchen auf die einen, die Enden auf die anderen Felder deuten:

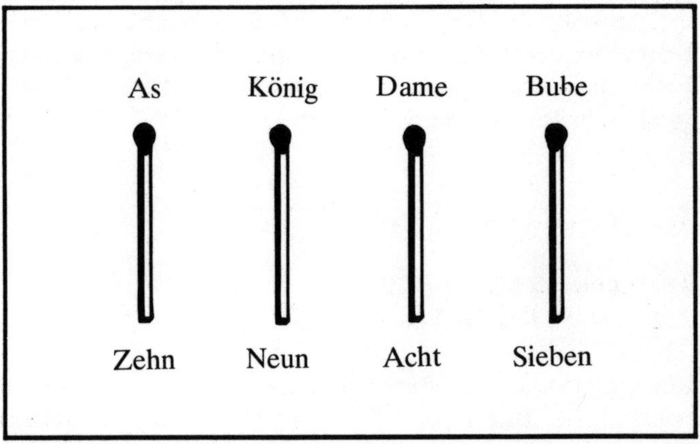

Man kann die acht Einsatzfelder natürlich auch mit Bierdeckeln markieren oder Karten aus einem zweiten Spiel hinlegen.
Jeder Spieler (außer dem Bankhalter) setzt nun auf eines dieser Felder oder auf mehrere nach Belieben seine Wetten, die pro Feld den von der Bank festgesetzten Höchstbetrag pro Person nicht überschreiten dürfen. Sind alle Wetten gesetzt, beginnt der Bankhalter mit dem, was man kaum ein Spiel nennen kann: Er nimmt vom gemischten Kartenpaket die oberste Karte und legt sie offen zu seiner

Linken, die nächste Karte legt er offen zu seiner Rechten. Die linke Karte siegt für die Bank (»meine Tante«), die rechte für den Spieler (»deine Tante«). Beispiel: Fält links eine Neun, rechts ein Bube, so kassiert der Bankhalter alle Einsätze auf dem Feld *»Neun«* und zahlt jedem, der auf *»Bube«* gesetzt hatte, einen Gewinn in Höhe des Einsatzes. Danach kann jeder Spieler seine bisherigen Einsätze oder Gewinne stehenlassen oder beliebig verändern. Anschließend zieht der Bankhalter die beiden nächsten Karten, zuerst eine für links, dann eine für rechts. Kassieren und Auszahlen wie vorher – und so weiter bis auf die beiden letzten Karten, die nicht benützt werden.
Fallen links und rechts gleichwertige Karten, ist die Runde untentschieden. Manchmal wird auch so gespielt, daß in diesem Falle die Bank gewonnen hat und das betreffende Feld abkassieren darf. Die Regel, wonach in einem solchen Falle die Bank sogar die Einsätze sämtlicher Felder gewinnt, halten wir für wucherisch.

Red Dog – High-Card Pool

Teilnehmer: 3 bis 8
Zubehör: 52 Karten; Spielgeld

Ein Glücksspiel aus den USA, das bei uns noch wenig bekannt ist. Ein Bankhalter wird durch Los bestimmt, mischt die Karten und läßt abheben. Danach setzt jeder Spieler den vereinbarten Grundbetrag (zum Beispiel einen Jeton) in den Pool, die gemeinsame Kasse. Der Bankhalter gibt nun, links beginnend, jedem Spieler eine Karte und dann weitere einzelne, bis jeder, auch der Bankhalter selbst, fünf Karten hat (manchmal wird auch nur mit drei Karten pro Mann gespielt). Die restlichen Karten kommen als Stapel auf den Tisch.
Der Spieler zur Linken des Gebers darf als erster wetten, ob er eine Karte von gleicher Farbe und höherem Wert hat als die oberste Karte des restlichen Stapels. Will er nicht

wetten, wirft er seine Karten verdeckt (Rückseite nach oben) ab und zahlt erneut den Grundbetrag in die Kasse. Wettet er, so kann er einen beliebigen Betrag bis zum Gesamtinhalt der Kasse setzen. Dann dreht der Bankhalter die oberste Karte des Reststapels um. Kann der Wetter eine höhere Karte in derselben Farbe (Karo, Herz, Pik oder Kreuz) vorzeigen, darf er sich aus der Kasse den Betrag nehmen, den er gewettet hatte; den Wetteinsatz selber behält er natürlich auch. Er kann nun die stechende Karte und die vier übrigen ablegen, wobei nur die Stichkarte den übrigen Spierlern gezeigt werden darf. Er kann aber auch noch mit der zweiten oder weiteren Karten wetten, wenn er Einsatz und Gewinn jeweils als nächsten Einsatz stehen läßt. Sobald er keine höhere Karte hat, verliert er aber alles (der Betrag wird in die Kasse gelegt) und wirft seine restlichen Handkarten verdeckt ab. Nun kommt der nächste Spieler an die Reihe und kann wetten oder passen. Wettet er, kann er jeden Betrag setzen bis zu der Summe, die gerade in der Kasse ist. Ist die Runde beendet, setzt jeder Spieler erneut den Grundbetrag, auch wenn noch Geld in der Kasse ist. Der Spieler zur Linken des Bankhalters gibt zur nächsten Runde aus.

Tippen – Dreiblatt
Variante: Zwicken

Teilnehmer: 3 bis 5
Zubehör: 32 Karten; Spielgeld

Ein Glücksspiel, das dem Mauscheln ähnelt. Da das Spiel unter »*Mauscheln*« ausführlich beschrieben ist, können wir uns hier auf das Wichtigste beschränken.
Der Geber (er wechselt nach jedem Spiel) mischt, läßt abheben und setzt den Grundbetrag in die Kasse; der Einsatz muß durch drei teilbar sein.
Jedem Spieler werden drei Karten gegeben, reihum und einzeln. Die nächste Karte wird umgedreht und bestimmt

die Trumpffarbe. Restliche Karten kommen zunächst beiseite. Jeder Spieler entscheidet anhand seiner Karten, ob er Aussicht auf wenigstens einen Stich hat. Falls nicht, kann er passen und nimmt nicht am Spiel teil. Wer mitmachen will, tippt (klopft) mit dem Finger auf den Tisch.
Jeder Tipper kann vom Geber beliebig viele neue Karten fordern (höchstens drei natürlich), muß aber zuvor eine entsprechende Zahl seiner Handkarten ablegen. Für die Tauschkarten kann ein Kaufpreis vereinbart werden, der in die Kasse zu zahlen ist. Als erster tauscht der Spieler links vom Geber, danach die anderen der Reihe nach.
Nach dem Tausch wird gestochen. Der Spieler links vom Geber spielt die erste Karte aus. Alle anderen müssen Farbe bedienen und nach Möglichkeit stechen; wer nicht bedienen kann, trumpft oder, falls er auch das nicht kann, wirft eine beliebige Karte ab.
Sind die drei Stiche gemacht, wird abgerechnet: Pro Stich ein Drittel des Kasseninhalts. Wer keinen Stich hat, muß den Grundbetrag zahlen.
Besonderheiten: »Riecht« der Geber an der trumpfbestimmenden Karte oder klopft darauf, ehe er sie umdreht, darf er sie im Tausch gegen eine Handkarte behalten. Er zeigt die Karte dann nicht, sondern sagt nur die Farbe an, muß aber nun mindestens zwei Stiche statt nur einem machen. Macht er nur einen, zahlt er den Grundbetrag, macht er keinen, den doppelten.
Der Bankhalter kann sich ums Geben drücken und es dem linken Nachbarn überlassen. Beide müssen den Grundbetrag setzen. Auch dieser kann weiterschieben, nur muß jeder, der nicht geben will, den Grundbetrag setzen. Dieses Schieben hat also den Zweck, den Kasseninhalt zu erhöhen.

Spielvariante

Zwicken: Hier ist der »*Belli*«, die Karo-Sieben, der ständige zweithöchste Trumpf nach dem jeweils wechselnden Trumpf-As. Der Geber muß nach dem Abheben die unterste Karte des abgehobenen Teils ansehen; ist sie ein As oder eine Sieben, muß der nächste geben, der ebenfalls den Grundbetrag setzen muß. Ist die Karte der *»Belli«*, gibt der letzte Spieler in der Runde, wobei alle übersprungenen den Grundbetrag setzen müssen.

Gegeben werden zunächst zwei Karten, danach wird die trumpfbestimmende Karte aufgedeckt. Anschließend erhält jeder die dritte und letzte Karte.

Wer keinen Stich zu machen hofft, kann passen. Alle anderen können Karten tauschen wie beim *»Tippen«*. Danach wird gestochen.

Abrechnung: Pro Stich ein Drittel der Kasse. Wer keinen Stich gemacht hat, ist *»gezwickt«* und muß den Grundbetrag für die nächste Runde setzen (der nächste Geber ebenfalls). *»Gezwickt«* ist (und muß zahlen) außerdem, wer beim Abheben die unterste Karte nicht ansieht, wer Trumpf-As hat und es nicht sofort vorlegt, sobald er ans Ausspiel kommt, oder wem der *»Belli«* durch Trumpf-As weggestochen wurde.

Auch beim *»Zwicken«* kann der Geber auf die trumpfbestimmende Karte klopfen und darf sie dann behalten.

Watten

Teilnehmer: 2 bis 4
Zubehör: 32 Karten (stilgerecht ein Schafkopf-Blatt)

Watten ist eines der bayerischen Nationalspiele. Man sollte, um es milieugerecht zu spielen, tatsächlich ein Schafkopf-Blatt kaufen – es lohnt sich, denn Watten ist eines der wenigen Glücksspiele, die auch ohne Einsatz recht unterhaltsam sind. Man wird es also öfters spielen, wenn man's erst mal kennt. Zur Not geht auch das Skatblatt; es ist dann Schellen = Karo, Herz = Herz, Schippen = Pik und Eichel = Kreuz.

Wir gehen bei unserer Beschreibung vom Schafkopfblatt aus. Der Geber mischt, läßt vom rechten Nachbarn abheben und gibt linksherum jedem Spieler drei, danach nochmals zwei Karten. Restliche Karten kommen beiseite. Bevor wir nun ins Spiel selber einsteigen, müssen wir uns die etwas exotischen Trumpfwerte merken. Die höchsten Trümpfe sind in allen Spielen die drei *»Kritischen«,* und zwar in der Rangfolge von oben nach unten:

1. *»Maxi«,* der Herz König
2. *»Belli,* die Schellen-Sieben
3. *»Spitz«,* die Eichel-Sieben

Diese drei Karten sind ständige Trümpfe. Ihnen folgen im Rang die von Spiel zu Spiel wechselnden Trümpfe: die *»Schläge«* (wir kommen darauf gleich) und die Werte einer Trumpffarbe.

Nun zum eigentlichen Spiel. Hauptspieler ist stets derjenige, der links vom Geber sitzt (Vorhand). Er hat das Recht, die *»Schläge«* anzusagen, das sind beliebige vier Karten von gleichem Rang, also zum Beispiel die vier Unter (Buben) der verschiedenen Farben. Vorhand ernennt gewöhnlich den Wert zu *»Schlägen«,* von dem er die meisten hat. Wieviele davon außerdem noch auf der Hand sind, weiß natürlich niemand; einige davon können sich ja auch (ebenso wie Haupttrümpfe) unter den Restkarten befinden. Sind die *»Schläge«* angesagt, darf der Kartengeber, also ein Gegner des Hauptspielers, die Trumpffarbe bestimmen. Er wählt dazu eine Farbe, von der er viele Karten hat. Ein Beispiel: Sind die Unter als *»Schläge«* und Herz als Trumpffarbe gewählt worden, so ist die Reihenfolge der Trümpfe in diesem einen Spiel: *Maxi, Belli, Spitz,* danach der Herz-Unter als Hauptschlag und die weiteren drei Unter, dann sämtliche Herz-Karten, angefangen beim As bis zur Sieben (ohne den König freilich, der ja als Maxi sowieso der höchste Trumpf ist).

Spielt man zu zweit oder zu dritt, spielt jeder für sich allein. Beim (üblichen) Spiel zu viert aber bilden je zwei einander gegenübersitzende Spieler eine Partei. Ziel des Spielers oder der Partei ist es, von den fünf möglichen Stichen mindestens drei zu machen, um zu siegen. Hält die spielende Partei sich stark genug für drei Stiche, kann sie

den Gegner »*ausschaffen*«. Der Hauptspieler sagt dann einfach »*Gehen*« an, und zwar zu einem beliebigen Zeitpunkt, entweder vor dem ersten Ausspiel oder mitten im Spiel. Sagt der Gegner Ja zu dem Angebot, darf sich die ausschaffende Partei sofort zwei Gewinnpunkte gutschreiben, auch dann, wenn sie noch keinen Stich gemacht hat. Die Karten müssen nicht vorgezeigt werden; es wird sofort ein neues Spiel gegeben. Gewitzte Spieler können dabei natürlich gewaltig bluffen – gerade das macht das Spiel undurchschaubar und reizvoll.
Die Gegner der ausschaffenden Partei können das Angebot jedoch ablehnen – dann wird normal weitergespielt, aber nun um drei Punkte. Die gegnerische Partei kann die Ansage »*Gehen*« aber auch mit der Ansage »*Vier*« kontern. Jetzt wird um vier statt um zwei Gewinnpunkte gespielt. Die spielende Partei kann auf »*Fünf*« erhöhen, der Gegner wieder auf »*Sechs*« und so weiter. Die letzte angesagte Zahl darf sich der Gewinner dann als Pluspunkte notieren. Wird ohne »*ausschaffen*« gespielt, erhält der Gewinner zwei Punkte.
Beim Stechen beginnt stets Vorhand, der Hauptspieler, mit dem ersten Ausspiel. Alle anderen Spieler brauchen die angespielte Farbe nicht zu bedienen, es sei denn, der Hauptspieler hätte als erste Karte den Hauptschlag hingelegt, also den Schlag in der Trumpffarbe. Dann müssen alle anderen Spieler ebenfalls eine Karte der Trumpffarbe spielen und wenn möglich sogar eine höhere, also stechen. Sobald eine Partei drei Stiche gemacht hat (oder die Gegenpartei das Angebot »*Gehen*« angenommen hat), ist das Spiel zu Ende. Der Gewinner schreibt sich die entsprechende Punktzahl gut.
Sieger ist, wer zuerst 15 (mancherorts 11) Punkte erreicht hat. Hat eine Partei 13 oder 14 Punkte, ist sie »gespannt« und darf nicht mehr ausschaffen.
Besonderheiten: Der abhebende Spieler muß die unterste Karte des abgehobenen Teils ansehen. Ist sie ein Kritischer, darf er die Karte behalten. Wer einen Schlag oder eine Trumpffarbe ansagt, ohne eine Karte davon auf der Hand

zu haben (was sich im Spiel ja herausstellt), erhält zwei Minuspunkte. Beim Spiel zu viert versuchen die Partner, einander ihre Karten durch heimliche Zeichen zu verraten. Diese mimischen Zeichen sind:

Mund spitzen: Ich habe den »*Maxi*«
mit rechtem Auge zwinkern: »*Belli*«
mit linkem Auge zwinkern: »*Spitz*«

Watten ist eigentlich mehr als nur ein Glücksspiel, denn es bietet viele taktische Möglichkeiten. Hat beispielsweise jemand alle drei Kritischen, ist er sicherer Sieger. Um nun die Gewinnpunkte zu erhöhen, muß er klug vorgehen. Würde er gleich zu Beginn »*Gehen*« sagen, könnten die Gegner das Angebot womöglich annehmen und es wären nur zwei Punkte zu gewinnen. Deshalb überläßt der Spieler nach Möglichkeit dem Gegner die beiden ersten Stiche und wartet auf deren Angebot »*Gehen*«, das er nun mit »Vier« kontern kann.

Würfel-Glücksspiele

Am Würfelspiel haben sich schon die alten Ägypter erfreut. Und schon damals gab's Schlitzohren. Man fand in Gräbern 4000 Jahre alte Würfel – die fürs Falschspiel präpariert waren. Andere übers Ohr zu hauen ist also eine uralte menschliche Leidenschaft.
Berüchtigt in der Geschichte sind die Würfelpartien der römischen Kaiser Nero und Caligula; sie setzten nicht selten Beträge von 100000 Mark pro Spiel. Der Grieche Plutarch berichtete von einer persischen Königin Parysatis, die einst um das Leben eines Sklaven würfelte, gewann – und sich daran ergötzte, wie ihr Gewinn langsam zu Tode gemartert wurde. Um solche Einsätze würfelt man heute nicht mehr. Selbst Heinrich VIII., der ja mit seinen Frauen auch nicht gerade glimpflich umsprang, würfelte wenigstens nicht um sie. Einmal spielte er mit einem Sir Miles Partridge, verlor seine Barschaft und setzte zuletzt – sämtliche Glocken der Londoner Kirchen. Er verlor. Was der Sir mit seinem Gewinn gemacht hat, wissen wir nicht. Heute wird in Gaststätten um die nächste Schnaps-Runde gewürfelt, obwohl das eigentlich schon verboten ist. Das Bundeskriminalamt in Wiesbaden nennt elf Würfelspiele namentlich als verbotene Glücksspiele (im Sinne der §§ 284 f des Strafgesetzbuches), zum Beispiel »*Chicago*« oder »*Lustige Sieben*«, und fährt dann in seiner Verbotsliste pauschal fort: »Ferner sämtliche Würfelspiele und kombinierte Würfelspiele mit Würfeln und Bierfilzen, sofern sie um Einsatz gespielt werden.«
Also auch hier: Vorsicht! Wenn Sie gelegentlich mal zu Hause würfeln wollen (die Spiele sind auch ohne Einsatz lustig), besorgen Sie sich gute Würfelbecher und gute Würfel – Sie sparen sich Ärger. Und nun: Viel Spaß!

Craps
Crapshooting, Seven-Eleven

Teilnehmer: beliebig
Zubehör: 2 Würfel (am besten Original-Crapwürfel), kein Becher, Spielgeld

»*Sieben-Elf*« ist das einzige »weltberühmte« Würfelspiel, das einzige auch, das die ehrwürdigen Tore der Spielbanken gestürmt hat und heute sogar in Monte Carlo gespielt wird. In den USA ist *Craps* das beliebteste Glücksspiel überhaupt, wird in Hunderten von Casinos gespielt (in jenen Staaten wie Nevada, wo das Glücksspiel erlaubt ist) oder in ungezählten Spelunken, zu Hause oder auf der Straße. Grob gesagt unterscheidet man drei Varianten:
Crap Game: Das private Spiel unter »Amateuren« zu Hause oder im Freien. Man wettet gegen den Würfler oder untereinander.
Bank craps: Das Spiel im Casino, wo alle Spieler nur gegen die Bank wetten dürfen.
Open Craps oder *Money Craps:* Ein privates Spiel mit halboffiziellem Charakter. Ein Schiedsrichter überwacht das Spiel und nimmt Wetten an, die die Spieler untereinander nicht mehr plazieren können. *Open craps* wird oft um hohe Summen in Hinterzimmern und Spelunken gespielt.
Die Grundregeln sind für alle Varianten gleich:
Man benützt zwei gleiche Würfel, keine Würfelbecher. Wollen Sie *Craps* stilgerecht »zelebrieren«, sollten Sie sich Originalwürfel besorgen: rote durchsichtige Würfel ohne abgerundete Ecken oder Seitenkanten, richtige kleine klobige Quader also. Der Spieler, der *»die Würfel hat«*, ist Werfer (»shooter«). Er setzt eine beliebig hohe Summe auf seinen eigenen Sieg in die Mitte der Spielfläche (Zentrumwette). Man spielt häufig auf dem Boden; die Spieler sitzen dann im Halbkreis vor einer Wand und bilden so eine Spielfläche. Gegen die Wette des Werfers können die übrigen Spieler beliebige Teilbeträge bis zur Gesamthöhe

der Wette setzen. Wird der Betrag des »*shooter*« nicht ganz durch Zuschauerwetten gedeckt, zieht er den überschüssigen Teil seiner Wette zurück. Danach rollt er die Würfel mit kräftiger Wurfbewegung aus der Hand; sie werden gegen ein Hindernis geworfen, zum Beispiel auf dem Fußboden gegen die Wand oder auf dem Tisch gegen eine Barriere; sie müssen von dort zurückprallen.

Wenn die Würfel liegen, werden die oberen Augen zusammengezählt. Dabei gibt's für den *shooter* drei Möglichkeiten:

1. Kommt 7 oder 11 heraus, hat der Werfer ein »*natural*« und gewinnt. Er darf dann alle Wetten gegen sich kassieren und behält die Würfel für den nächsten Wurf.

2. Zeigen die Augen zusammen 2, 3 oder 12 (1–1, 1–2 oder 6–6), so hat der Werfer »*craps*« gewürfelt und verliert. Jeder, der gegen ihn gesetzt hatte, erhält nun einen Gewinn in Höhe seines Einsatzes aus dem Wettbetrag des »*shooter*«. Der Werfer darf aber die Würfel für den nächsten Wurf behalten.

3. Zeigen die Würfel eine der übrigen möglichen Zahlenkombinationen, also zusammen 4, 5, 6, 8, 9 oder 10, so ist die geworfene Zahl der »*Point*« des Würflers. Er verliert noch nicht, hat aber auch noch nicht gewonnen. Er würfelt nun solange weiter, bis er erneut seine Point-Zahl erhält; dann gewinnt er. Würfelt er aber vorher 7 Augen, verliert er und muß die Würfel an seinen linken Nachbarn abgeben. Der setzt nun seinerseits einen beliebigen Wettbetrag, und der vorherige Verlierer darf als erster dagegen setzen, soviel er will. Hält er nicht den ganzen Betrag, können sich die anderen ebenfalls an der Zentrumwette beteiligen.

Im »*Bank craps*« sind die Wettmöglichkeiten weitaus größer, und einige dieser »Chancen« werden häufig auch im privaten Kreis gespielt. Während im Casino nur gegen die Bank gesetzt werden darf, werden die Setzmöglichkeiten zu Hause entsprechend auf Wetten der Zuschauer gegen den Werfer oder der Zuschauer untereinander übertragen. Im Casino setzt man auf ein Tableau, ein »*Layout*«, das von Bank zu Bank verschieden ist. Zu Hause setzt man seine Wette in die Mitte der Spielfläche und an die Seiten. Die Wettprozedur in Spielbanken ist recht kompliziert und setzt einen erfahrenen Croupier voraus. Wir zeigen Ihnen auf Seite 79 eines von vielen möglichen Layouts und erklären nur die wichtigsten Setzmöglichkeiten.

Man setzt entweder auf Sieg oder auf Verlust des Werfers oder darauf, daß bestimmte Zahlen kommen oder nicht kommen. Setzt man auf Sieg des Werfers, kommt der Einsatz auf das Feld »*Does pass*« (oft auch »*Win*« oder »*Line*« genannt). Auszahlung im Gewinnfall: 1 zu 1.

Wer darauf wettet, daß der Werfer verliert, setzt auf das Feld »*Don't pass*« (oder »*Lose*«). Ebenfalls 1:1 im Gewinnfalle; in Banken gilt die Wette jedoch nicht, wenn der Werfer mit dem Crap 1–1 verliert (in manchen Banken auch 6–6); im privaten Kreis wird diese Einschränkung nicht gemacht.

Auf »*Field*« setzt man in der Hoffnung, daß eine der dort notierten Summen beim nächsten Wurf fällt. Gezahlt wird 1:1. Wer auf die Felder »7« oder »11« in der Mitte setzt, erwartet ein »natural« des Werfers. Quoten im Gewinnfalle sind auf dem Layout notiert.

Hardway-Wetten sind Wetten darauf, daß die geraden Zahlen 4, 6, 8 oder 10 mit einem Pasch (zwei gleichen Augenzahlen) oder nicht mit einem Pasch erzielt werden. Wird die 4 mit 2–2 oder die 10 mit 5–5 geworfen, zahlt die Bank 8:1, fällt die 6 mit 3–3 oder die 8 mit 4–4, wird 10:1 bezahlt.

Auf das Feld »*Craps*« setzt, wer den Verlust des Werfers beim ersten Wurf (durch Craps 1–1, 1–2 oder 6–6) erwartet.

Komm-Wetten (Does come): Das sind recht komplizierte Wetten, die nach dem ersten Wurf auf Sieg gesetzt werden, wobei der nächste Wurf aber als erster Wurf betrachtet wird. Das kann zum Beispiel so aussehen: Der Werfer hat beim ersten Wurf zusammen 4 gewürfelt; das ist sein Point, den er erneut würfeln muß. Wirft er nun eine Sieben, hat er eigentlich verloren und verliert auch seine Wetten auf 4, aber er gewinnt die Komm-Wette, da 7 ja ein »*natural*«

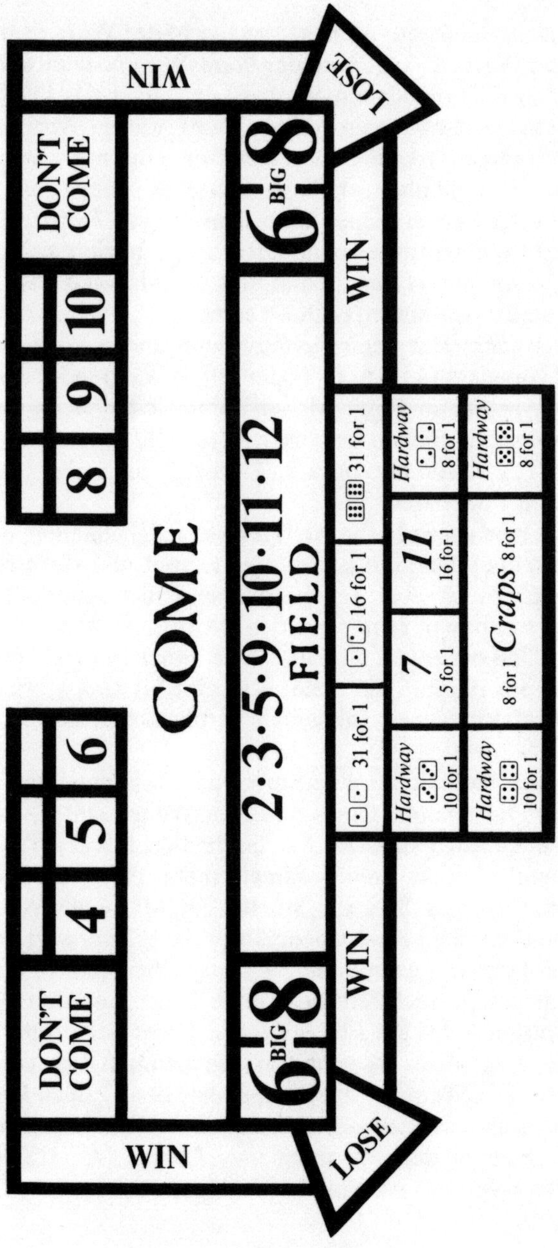
WIN
DON'T COME
4
5
6
8
9
10
DON'T COME
WIN
COME
2·3·5·9·10·11·12
FIELD
6 BIG 8
6 BIG 8
WIN
WIN
LOSE
LOSE
31 for 1
16 for 1
16 for 1
31 for 1
Hardway 10 for 1
7 5 for 1
11 16 for 1
Hardway 8 for 1
Hardway 10 for 1
8 for 1 Craps 8 for 1
Hardway 8 for 1

ist und beim ersten Wurf gewonnen hätte. Wirft er beim zweiten Wurf 11 Augen, ist der Point-Wurf noch nicht entschieden, aber die Komm-Wette ist gewonnen (da 11 ebenfalls ein *»natural«* beim ersten Wurf wäre). Wirft er 4 Augen, seinen *»point«*, so gewinnt er seine ursprüngliche Wette, die 4 gilt aber für Come-Wette als neuer Point, den der Werfer nun erreichen muß, ehe er eine 7 wirft; dann ist die Come-Wette gewonnen. Recht kompliziert also.
Ebenso wie auf *»Come«* kann man natürlich auch auf das Gegenteil davon setzen (»Don't come«).
Point-Wetten: Hat der *»shooter«* beim ersten Wurf einen Point vorgelegt (4, 5, 6, 8, 9 oder 10), so kann jeder darauf wetten, ob dieser Point wieder kommt oder nicht, bevor die stoppende Sieben geworfen wird. Die Quoten in der Bank: 1:1 bei Point 6 oder 8, 7:5 bei Point 5 oder 9, 5:3 bei Point 4 oder 10.
Es gibt eine ganze Reihe weiterer Setzmöglichkeiten, doch braucht man dann ein komplettes Layout und viel Erfahrung. *Craps* ist aber schon spannend und unterhaltsam genug, wenn man es nur mit den wichtigsten Wettchancen spielt. Und bedenken Sie bitte: Falls Ihnen jemand andere Regeln für dieses Spiel nennt – es gibt für *Craps* wie für alle Würfelspiele keine allgemein verbindlichen Regeln.

Und auch hier wieder eine Story zum Zwischendurch-Erzählen: Das teuerste Craps-Spiel der Weltgeschichte fand 1871 in Chicago statt. Es war ein heißer, trockener Sommer, und Chicago zählte damals mehr Holz- als Steinhäuser. In einer Scheune spielte ein Mr. Cohn Seven-Eleven mit seinen Kumpanen. Als er die Würfel warf, stieß er die Petroleumlampe um. Er war aber just in einer Gewinnsträhne und ließ die Lampe liegen, um den Wurf abzuwarten – das um sich greifende Feuer bemerkten die Spieler erst, als es zu spät war; sie konnten sich gerade noch ins Freie retten – die Lampe löste den Großen Brand von Chicago aus. 90000 Menschen wurden obdachlos, 300 kamen in den Flammen ums Leben. Der Gesamtschaden belief sich auf rund 200 Millionen Dollar.

Chicago

Teilnehmer: beliebig
Zubehör: 3 Würfel, Würfelbecher, Spielgeld

Zu Beginn wirft jeder Spieler einen Würfel; wer die höchste Augenzahl hat, darf beginnen. Er schüttelt die drei Würfel im Becher und setzt den Becher dann kopfüber mit Schwung auf den Tisch. Die Würfel dürfen nicht herausfallen. Der Würfler nimmt den Becher hoch und sieht sich den Wurf an. Er muß nun mindestens einen Würfel für die Berechnung der Endzahl beiseitelegen und darf mit den restlichen Würfeln noch ein- oder höchstens zweimal weiterwürfeln, wobei jedesmal wenigstens ein Würfel herausgenommen werden muß.
Kann beim ersten Wurf eine 1 herausgenommen werden, zählt sie 100 Punkte; in diesem Falle dürfen auch alle in weiteren Würfen fallenden Einser mit 100 und alle Sechser mit 60 bewertet werden. Die anderen Würfel (2 bis 5) zählen aber nur einfach. Fällt beim ersten Wurf keine 1, nimmt man den höchsten Würfel heraus und würfelt weiter. Folgende Einser gelten aber nun nur einen Punkt, Sechser 6 Punkte.
Sind gleich beim ersten Wurf zwei oder alle drei Würfel *»gut«*, kann man sie herauslegen und würfelt nur noch einmal oder überhaupt nicht mehr weiter. Die Gesamtaugenzahl merkt man sich. Sie ist *»vorgelegt«* und muß von den folgenden Spielern mit der gleichen Anzahl von Würfen überboten werden. Der nächste Spieler darf die Eins nur dann als 100 (und die Sechs als 60) bewerten, wenn sie beim ersten Wurf fällt und wenn der Vorgänger ebenfalls eine Hunderterzahl vorgelegt hatte. In allen anderen Fällen wird nur die einfache Augenzahl gerechnet. Erreicht der zweite Spieler nur dieselbe Zahl wie sein Vorgänger oder eine geringere, hat er verloren und gibt an den nächsten weiter. Würfelt er aber mehr, so legt er damit eine neue Zahl vor, die von den Nachfolgern mit der gleichen (oder einer geringeren) Anzahl von Würfen überboten werden

muß. Wer am Schluß der Runde mit den wenigsten Würfen die höchste Augenzahl erreicht hat, ist Sieger und kassiert den Inhalt der Bank, in den alle zu Beginn einen vorher vereinbarten Grundbetrag eingezahlt hatten. Wer drei Einser (»Chicago«) mit einem Wurf erzielt, ist in jedem Fall Gewinner und kassiert sofort. Er darf auch zur nächsten Runde *»vorlegen«*, nachdem alle den Grundbetrag in die Kasse einbezahlt haben. In allen anderen Fällen legt der jeweilige Gewinner zur nächsten Runde vor.

Dicke Eier, dünne Eier

Teilnehmer: beliebig
Zubehör: 6 Würfel, Becher, Spielgeld

Der erste Spieler schüttelt die sechs Würfel im Becher und »knallt« ihn kopfüber auf den Tisch, wobei kein Würfel herausfallen darf. Bevor er nun den Becher hebt, muß er sich für *»dicke«* oder *»dünne Eier«* entscheiden. Dicke Eier sind Sechser, dünne Eier Einser. Hat er sich beispielsweise für dicke Eier entschieden, nimmt er den Becher hoch und legt alle gefallenen Sechser beiseite. Ist keine Sechs gefallen, nimmt er den Würfel mit der nächsthöchsten Zahl heraus und merkt sich die Differenz bis 6. Bei jedem Wurf muß mindestens ein Würfel herausgenommen werden. Nun würfelt er ein zweites Mal nach dicken Eiern, entfernt eventuelle Sechser oder den höchsten Würfel und zählt die Differenz zu etwaigen vorherigen Punkten. Ein Beispiel: Jemand würfelt auf dicke Eier und findet beim ersten Wurf zwei Sechser. Er legt sie beiseite und zählt null Punkte. Beim zweiten Wurf hat er keine Sechs, sondern als höchstes eine Vier; er legt sie beiseite und zählt *»Zwei«* (Differenz von 4 bis 6). Beim dritten Wurf findet er wieder eine Sechs, nimmt sie heraus und bleibt bei zwei Punkten. Mit den beiden restlichenWürfeln würfelt er erneut und erhält 1 und 3. Er nimmt die Drei heraus und zählt 3 Punkte zu den vorherigen hinzu: Fünf. Beim letzten Wurf

hat er Glück und bekommt eine Fünf, zählt also nur noch einen Punkt dazu und legt als Ergebnis 6 Punkte vor, die vom nächsten Spieler unterboten werden müssen. Auf die Zahl der Würfe kommt es dabei nicht an, jeder kann also beliebig oft (bis zu sechsmal) würfeln, wenn er nur nach jedem Wurf wenigstens einen Würfel herausnimmt. Der zweite Spieler hat nun nicht mehr die Wahl; er muß ebenfalls nach dicken Eiern würfeln und womöglich weniger Fehlpunkte erreichen. Wer am Ende der Runde am wenigsten Punkte hat, ist Sieger und kassiert den Bankinhalt. Jeder hatte vor Spielbeginn den vereinbarten Grundbetrag einbezahlt. Haben zwei Spieler gleiche Punktzahl, gewinnt derjenige, der sie zuerst erzielt hat.
Beim Würfeln nach dünnen Eiern werden Einser herausgelegt. Findet man keine Eins, wird die nächsthöhere Augenzahl genommen und die Differenz zu 1 gemerkt. Jeder kann bei jedem Wurf soviel Würfel herausnehmen, wie er will, mindestens aber einen.

Elf hoch

Teilnehmer: beliebig
Zubehör: 2 Würfel, Becher, Spielgeld

Jeder setzt vor Spielbeginn den vereinbarten Grundbetrag in die Kasse, zum Beispiel fünf Chips oder fünf Spielmark. Der erste Spieler wirft beide Würfel zugleich aus dem Becher oder der Hand auf den Tisch. Fallen insgesamt elf Augen, gehört ihm die Kasse. Wirft er zwölf Augen, also zwei Sechser, muß er den gesamten Kasseninhalt verdoppeln. Wirft er weniger als elf Augen, muß er die Differenz zwischen seiner Augenzahl und 11 in die Kasse legen, und zwar pro Auge einen Chip oder eine Spielmark.

Finke berupfen

Teilnehmer: beliebig
Zubehör: 2 Würfel, Becher, Spielgeld (pro Teilnehmer mindestens 25 Einheiten), Einsatzfeld.

Pinke (auch »Finke«) ist im Rotwelsch, der Gaunersprache, das Geld. Das für dieses Spiel nötige Einsatzfeld zeichnet man sich auf ein Blatt Papier oder (»landsknechtgerecht«) mit der Kreide auf den blanken Tisch. Es sieht so aus:

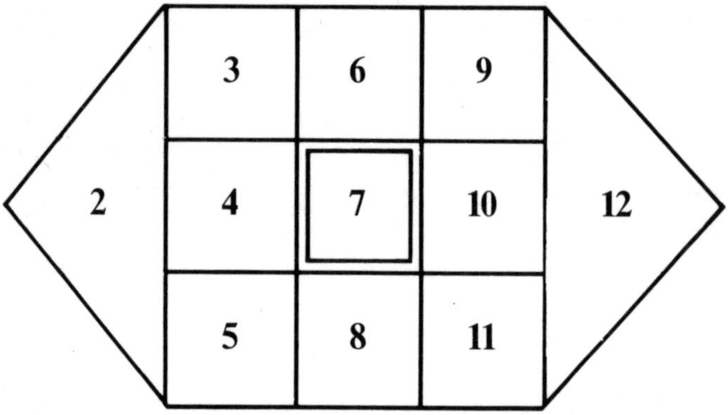

Jeder Spieler beginnt mit dem gleichen Startkapital, mindestens mit 25 einzelnen Pfennigen (oder Zehnern) oder mit 25 Spielmarken. Der erste Spieler wird durch Los bestimmt und würfelt mit beiden Würfeln zugleich. Pro Auge seines Wurfs setzt er nun in das entsprechende Feld je einen Pfennig (oder eine Marke). Wirft er also acht Augen, setzt er acht Pfennige in das Feld 8. Ist im weiteren Verlauf des Spiels das betreffende Feld schon besetzt, darf er es abkassieren und weiterwürfeln, bis er setzen muß (also auf ein noch leeres Feld kommt). Er ist aber nicht verpflichtet, weiterzuwürfeln, sondern darf den Becher auch weitergeben an den nächsten Spieler. Auf das Feld 7 (»Stockhaus« genannt) darf nur eingezahlt werden. Dieses Feld (und zugleich alle anderen!) darf nur *»berup-*

fen«, wer eine 2 oder eine 12 wirft, also 1–1 oder 6–6. Nach einem solchen Wurf muß der Spieler aber noch einmal würfeln. Wirft er erneut 2 oder 12 Augen, muß er sämtliche Felder mit der entsprechenden Zahl an Pfennigen belegen. Danach (wie nach jedem Wurf, bei dem jemand setzen muß) kommt der nächste Spieler dran, und so geht's reihum weiter. Wer sein Startkapital verspielt hat, scheidet aus.

Gestrichene Zwölf – Spinne

Teilnehmer: beliebig
Zubehör: 2 Würfel, Spielgeld, Schreibgerät und Papier

Jeder Spieler schreibt die Zahlen 2 bis 12 in einem Kreis auf sein Papier. Wer an der Reihe ist, wirft beide Würfel zugleich aus der Hand oder dem Becher und streicht für die Summe der gefallenen Augen die entsprechende Zahl auf seinem Zettel. Er würfelt so lange weiter, bis er an eine bereits gestrichene Zahl gerät (es sei denn die 7, die beliebig oft gestrichen werden darf). Danach kommt der nächste dran. Es geht reihum weiter, bis jemand alle Zahlen gestrichen hat (die Figur sieht dann wie eine Spinne aus). Er bekommt nun von jedem Spieler 10 Pfennig oder 10 Spielmark für jeden Strich auf seiner 7. Andererseits muß er jedem anderen Spieler so viele Pfennige oder Spielmark bezahlen, wie dieser noch ungestrichene Zahlen hat.

Hoch oder Tief

Teilnehmer: beliebig
Zubehör: 3 Würfel, Becher, Spielgeld, Zündhölzer oder Bierfilze oder ähnliche »Marken«

Zu Beginn werden pro Teilnehmer zwei Hölzchen in die Mitte des Tisches gelegt. Der erste (durch Los bestimmte)

Spieler schüttelt die drei Würfel im Becher und stülpt ihn auf den Tisch oder läßt die Würfel herausrollen. Nun muß er sich für *»hoch«* oder *»tief«* entscheiden, das heißt, er bestimmt, ob die folgenden Spieler seine Augenzahl über- oder unterbieten müssen. Hat er beim ersten Wurf zum Beispiel mit allen drei Würfeln niedere Zahlen erreicht, entscheidet er sich für *»tief«* und kann den Becher sofort weitergeben. Alle folgenden Spieler müssen die vorgelegte Gesamtzahl nun ebenfalls mit einem Wurf unterbieten (gleiche Augenzahl oder höhere verliert). Der erste Spieler kann aber auch nach seiner Entscheidung mit einem oder zwei Würfeln nochmals würfeln und die anderen stehenlassen, um ein besseres Ergebnis zu erreichen. Er kann auch mit allen drei Würfeln nochmals werfen und sich erst beim zweiten Wurf entscheiden, ob er hoch oder tief gehen will. Mehr als drei Würfe sind aber nicht erlaubt. Je mehr Würfe einer macht, umso größer ist natürlich auch die Gefahr, daß andere Spieler das Ergebnis unter- oder überbieten. Jemand kann beispielsweise mit *»Sechs tief«* im ersten Wurf gewinnen, mit *»Fünf tief«* im dritten Wurf aber sind seine Chancen nicht besser. Wer in der Runde das schlechteste Ergebnis hat, nimmt sich ein Zündhölzchen aus der Mitte. Sind alle Zündhölzchen verteilt, darf in der Folge derjenige ablegen, der gewinnt, also das jeweils beste Ergebnis in der Runde erzielt. Hat jemand überhaupt kein Hölzchen zum Ablegen erhalten, scheidet er aus; er gewinnt nicht und verliert nicht. Alle anderen spielen weiter, bis einer alle seine Hölzchen abgelegt hat. Er ist Sieger und kassiert von jedem Teilnehmer soviel Spielmark, wie dieser noch Zündhölzer vor sich liegen hat. Man kann die Abrechnung natürlich auch vereinfachen und gleich nach jeder gespielten Runde zahlen. Dann legt jeder zu Beginn einen vereinbarten Betrag in eine Kasse, die dem jeweiligen Sieger gehört.

Hohe Hausnummer

Teilnehmer: beliebig
Zubehör: 3 Würfel, Becher, Spielgeld

Der erste Spieler würfelt mit allen drei Würfeln zugleich. Ziel ist es, eine möglichst hohe dreistellige »*Hausnummer*« zu bekommen. Die höchste ist 666, die niederste 111. Jeder Spieler darf dreimal würfeln, muß aber nach jedem Wurf mindestens einen Würfel herauslegen. Er muß außerdem bestimmen, ob der herausgelegte Würfel die Hunderter-, die Zehner- oder die Einerstelle seiner Hausnummer sein soll; die einmal bestimmte Stelle darf nicht verändert werden. Beispiel: Jemand würfelt 4–4–2. Er legt die 4 an die Zehnerstelle, in der Hoffnung, später eine höhere Zahl zu werfen. Beim zweiten Wurf erzielt er 5–1; die 5 nimmt er als Hunderterzahl. Beim letzten Wurf erzielt er eine 6 und hat also Pech, denn er muß sie nun an die einzige freie Stelle als Einerzahl legen; seine Hausnummer ist also 546. Danach ist der nächste dran. Wer in der Runde die höchste Hausnummer erhält, ist Sieger und kassiert den Inhalt der Bank, in den alle zu Beginn einen vereinbarten Grundbetrag gezahlt hatten.

Lustige Sieben

Teilnehmer: beliebig
Zubehör: 2 Würfel, Becher, Spielgeld, Einsatzfeld

Zu Beginn setzt jeder Spieler auf beliebige Felder des Tableaus (Abbildung Seite 88) beliebige Einsätze, muß sich aber seine Wetten genau merken. Das Tableau wird auf einen großen Karton gezeichnet.
Ein Spieler ist Bankhalter (er wird durch Los bestimmt). Der Bankhalter (und nur er allein) würfelt mit beiden Würfeln zugleich und stellt die Gesamtaugenzahl fest. Ist es eine Zahl der unteren Spalte, kassiert er sämtliche Einsätze

<table>
<tr><td rowspan="2">7</td><td>3</td><td>5</td><td>8</td><td>10</td><td>12</td></tr>
<tr><td>2</td><td>4</td><td>6</td><td>9</td><td>11</td></tr>
</table>

dieser Felder einschließlich des Feldes 7. Er muß aber jedem, der auf ein Feld der oberen Spalte gesetzt hat, einen Gewinn in Höhe des Einsatzes zahlen. Danach kann jeder neu setzen oder seine Einsätze (auch plus Gewinn) stehenlassen. Dann wird erneut vom Bankhalter gewürfelt. Die Bank darf immer alle fünf Felder jener Spalte abkassieren, in der die geworfene Zahl steht (und das Feld 7) und zahlt für die Felder der anderen Spalte die Gewinne aus. Wirft der Bankhalter aber 7 Augen (die »lustige Sieben«), zahlt er an alle, die auf dieses Feld gesetzt hatten, den dreifachen Einsatz als Gewinn und zieht die Einsätze aller anderen Felder ein. Nach jedem Wurf kann neu gesetzt werden. Nach einer vorher vereinbarten Zeit wechselt die Bank an den nächsten Spieler.

Pasch verdeckt
Lügenpasch

Teilnehmer: beliebig
Zubehör: 3 Würfel, Becher, Spielgeld

Pasch sind beim Würfeln zwei oder drei gleiche Augenzahlen. Bei diesem Spiel kommt es also zunächst darauf an, einen Zweier- oder Dreierpasch zu würfeln. Ein Zweierpasch 5–5 (mit beliebigem anderem Würfel) ist dabei höher

als ein Pasch 4–4, aber niedriger als ein Dreierpasch 2–2–2. Der Reiz dieses Spiels liegt darin, daß man den angesagten Pasch überhaupt nicht haben muß – es kommt nur darauf an, daß der Nachbar es glaubt.
Der erste Spieler schüttelt die drei Würfel in seinem Becher und stülpt ihn dann auf den Tisch. Nun hebt er den Becher vorsichtig ein wenig an und späht darunter, um den Wurf zu sehen; die Nachbarn dürfen aber nichts erkennen. Er sagt nun das wahre oder ein glaubwürdiges Ergebnis an. Etwas anderes als ein Pasch darf aber nicht genannt werden. Glaubt der Nachbar, was sein Vorgänger angesagt hat, nimmt er den Becher unbesehen und würfelt seinerseits, muß nun aber das Ergebnis des ersten Spielers übertreffen. Sobald jemand mißtrauisch wird (und das ist spätestens der Fall, wenn hohe Paschzahlen genannt werden), sagt er *»Sehen«*. Der ansagende Würfler muß nun den Becher heben und zeigen, was er geworfen hatte. Stimmt das Ergebnis mit der Ansage überein, zahlt der Zweifler dem Würfler den vereinbarten Betrag. Hat der Würfler aber gelogen, muß er dem Zweifler zahlen. Der jeweilige Gewinner darf nun erneut anfangen.

Poker Dice

Teilnehmer: beliebig
Zubehör: 5 Spezialwürfel (mit Kartenbildern), Becher, Spielgeld

Pokerwürfel kann man in Spielwarengeschäften kaufen. Sie zeigen die Kartenbilder As, König, Dame, Bube, 10 und 9. Jeder Spieler darf dreimal würfeln und dabei jedesmal eine beliebige Anzahl passender Würfel stehenlassen und mit den restlichen weiterwürfeln. Nach dem dritten Wurf ist seine *»Hand«* komplett. Die Rangfolge der möglichen Kombinationen ist dieselbe wie beim Pokern mit Karten (siehe Seite 40), nur gibt es beim Pokerwürfeln natürlich keinen Flush und in der Regel, wenn nichts anderes vereinbart ist, auch keinen Straight. Gewertet werden also gewöhnlich nur Paare, drei, vier oder fünf Gleiche, wobei fünf Asse die höchste Kombination sind. Ein »*Full house*« sind drei Gleiche und ein Paar und steht im Rang zwischen drei Gleichen und vier Gleichen.

Rentmeister

Teilnehmer: beliebig
Zubehör: 3 Würfel, Becher, Papier und Schreibzeug für jeden Spieler, Spielgeld

Jeder Spieler schreibt sich die Zahlen von 3 bis 8 untereinander auf. Einer beginnt mit dem Spiel. Er darf mit den drei Würfeln sechsmal hintereinander würfeln. Die zusammengezählte Augenzahl jedes Wurfs schreibt er hinter eine beliebige Zahl auf seinem Zettel, darf dabei aber hinter jeder Zahl nur ein Ergebnis notieren. Nach sechs Würfen müssen also alle Zahlen von 3 bis 8 »ausgefüllt« sein. Danach kommt der nächste dran und verfährt ebenso. Die hintereinanderstehenden Zahlen werden multipliziert und die Ergebnisse notiert und schließlich zusammengezählt. Wer die höchste Zahl erreicht hat, ist Sieger und bekommt von jedem anderen Spieler die Differenz zu dessen Punktzahl in Spielgeld bezahlt.
Geringe Augenzahlen zu Beginn werden natürlich hinter niedere Multiplikatoren gesetzt, in der Hoffnung, daß man hinter die höheren Zahlen später bessere Ergebnisse setzen kann. Das kann natürlich auch schief gehen.
Eine Abrechnung kann also zum Beispiel so aussehen:

$$\begin{array}{rcrcr} 3 & \times & 5 & = & 15 \\ 4 & \times & 7 & = & 28 \\ 5 & \times & 11 & = & 55 \\ 6 & \times & 9 & = & 54 \\ 7 & \times & 16 & = & 112 \\ 8 & \times & 14 & = & \underline{112} \\ & & & & 376 \end{array}$$

Sechzehn ist tot – Quinze

Teilnehmer: beliebig
Zubehör: 3 Würfel, Becher, Spielgeld

Ziel dieses Spiels ist es, mit einem oder beliebig vielen Würfen 15 Augen zu erzielen oder möglichst nahe an diese Zahl heranzukommen. Dabei sind aber einige Schikanen eingebaut.

Der erste Spieler würfelt. Erzielt er beim ersten Wurf mehr als 15 Augen (»16 ist tot«), so scheidet er aus und bezahlt den vereinbarten Betrag in die Kasse. Hat er genau 15 Augen, gewinnt er und kassiert alles, was in der Kasse liegt (in die jeder zu Beginn einen Grundbetrag eingezahlt hat). Liegt er unter 15, aber in der Nähe davon, wird er nicht mehr weiterwürfeln in der Hoffnung, daß niemand näher an 15 herankommt. Dabei sind aber die Schikanen zu berücksichtigen: Würfel, die 2 oder 5 zeigen, zählen nicht und müssen beiseitegelegt werden. Würfelt also jemand beim ersten Wurf zum Beispiel 1–3–5, so muß er die 5 herausnehmen, zählt nur 4 Augen für sich und würfelt mit den beiden restlichen Würfeln weiter. So oft eine 2 oder eine 5 fällt, muß der Würfel entfernt werden. Sobald jemand genau 9 Augen mit einem oder mehreren Würfen erreicht hat, muß er sofort aufhören und darf nicht mehr würfeln. Hat aber jemand 10 Augen erreicht, ist er gezwungen, mindestens noch einmal zu würfeln. Sein Pech, wenn er dann immer noch drei Würfel hat.

Damit sind alle Schikanen dieses reizvollen Spiels erklärt. Um sie leichter im Gedächtnis zu behalten, kann man diese Merkformel auswendig lernen: *»Zwei und Fünf zählt nicht, Neun darf nicht mehr, Zehn muß nochmal und Sechzehn ist tot.«* Hat jemand also nur Zweier und Fünfer gewürfelt, hat er null Augen.

Sieger ist, wer genau 15 Augen erreicht hat oder am nächsten an diese Zahl herangekommen ist. Er darf den Bankinhalt kassieren. Zur nächsten Runde muß jeder den Grundbetrag erneut in die Kasse legen.

Todessprung

Teilnehmer: beliebig
Zubehör: 2 Würfel, Becher, Spielgeld

Ein Spieler (er wird ausgelost) nennt eine Zahl unter 30. Sein Nachbar zur Linken beginnt nun zu würfeln. Die Augen beider Würfel zählt er zusammen und sagt die Summe laut an. Nun würfelt der nächste Spieler und zählt seine Augenzahlen zu denen des Vorgängers hinzu. Wer zuerst die angesagte Zahl erreicht oder überschreitet, ist *»in den Tod gesprungen«*. Er scheidet aus und muß den vereinbarten Betrag in die Kasse zahlen, darf aber zugleich die nächste *»Todeszahl«* ansagen. Wer zuletzt übrigbleibt, darf den gesamten Inhalt der Kasse nehmen.

Zum guten Schluß

noch eine kleine Warnung: Es gibt ein paar Spiele, die man bei bestem Willen nicht mehr als Glücksspiele bezeichnen kann, sondern nur noch als Bauernfängerei oder schlichtweg als Betrug. Dazu gehören zum Beispiel »Kümmelblättchen« oder das Dreihütchenspiel »Trambule«. Sie werden häufig in Altstadtkneipen oder auch in dunklen Seitenstraßen gespielt, aber fast ausschließlich in betrügerischer Absicht. Sollten Sie einmal zu einem solchen Spielchen aufgefordert werden, können wir Ihnen nur raten, die Finger davon zu lassen. Sie würden ein, zwei Runden gewinnen und dann hoffnungslos verlieren, weil Sie nicht die geringste Chance gegen den Zocker haben (so nennt man die Berufsspieler im Jargon).
Unser anfänglicher Rat sei also zum guten Schlusse wiederholt: Spielen Sie mit dem Glück nur zu Hause und nur mit guten Bekannten; dann bleibt es ein ungetrübter Spaß.

Spiele-Register

Inhaltsverzeichnis